»Wir sind Schatten. Schatten der Gesellschaft. Wir existieren, aber der Gesellschaft sind wir ein Dorn im Auge. Man will uns doch eigentlich gar nicht sehen. Man redet nicht mit uns, nennt uns Penner oder Asis. Wir sind den Leuten peinlich und sie haben Angst, sich mit uns zu beschäftigen. Für die meisten sind wir doch nur Menschen dritter oder vierter Klasse, für die meisten sind wir nur der Abschaum.«

Schatten der Gesellschaft

Die Obdachlosen von Berlin

1 Kälte

Wir sehen sie jeden Tag. Vor dem Supermarkt, unter den Dächern der Bushaltestellen, in Hauseingängen, auf Parkbänken, auf dem Weg zur Arbeit. In Berlin leben nach Schätzungen etwa 5.000 Menschen auf der Straße.

Manche erkenne ich wieder, wenn sie in die Ringbahn steigen und ihren immergleichen Text aufsagen. Manche sind eine feste Institution in dem Viertel, in dem ich wohne. Manchen werfe ich eine Münze zu oder kaufe ihnen eine Zeitschrift ab. Manchen bringe ich ein Brötchen mit oder stecke ihnen eine Pfandflasche zu.

Ich sehe den Mann unter der S-Bahn-Brücke wie er nach vorn gebeugt in seinem Rollstuhl sitzt. Es klappert müde im ausgestreckten Becher, der kleine Hund auf seinem Schoß zittert trotz der Decke, die ihn umhüllt. Ich grüße, flüchtig im Vorbeigehen, ziehe meine Mundwinkel nach oben (gar nicht so einfach, die richtige Mischung zu finden aus beiläufiger Freundlichkeit und zu viel Mitleid) und senke dann doch verlegen den Kopf, als mir der Kontakt mit den freundlichen, traurigen Augen zu lang wird, zu intensiv. Ich bedeute dem Mann, gerade keinerlei Kleingeld in meiner Tasche zu haben und schäme mich gleichzeitig für diese Lüge.

Ich stapfe weiter, vergrabe mein Gesicht tief unter dem Saum meiner dicken Jacke. Wie verdammt nochmal hält diese Person es aus, in dieser Eiseskälte? Und was muss wohl in ihrem Leben schiefgegangen sein, dass sie hier gelandet ist?, frage ich mich, wie oft nach solchen Begegnungen. Meine Gedanken hierzu sind nicht sonderlich einfallsreich: Bestimmt die Drogen, der Alkohol, psychische Probleme … Aber ist das wirklich so?

Warum halte ich nicht einfach mal an und frage?!

Es ist Januar 2019. Kahle Äste wogen vor grauem Beton. Heizungsrauschen auf Stufe 5. Ich packe Skizzenbuch und Stifte in meinen Rucksack, streife ein zweites Paar Socken über. Die Dunkelheit setzt ein als ich das Haus verlasse, unter den Stiefeln knackt das Eis, das sich auf den dreckigen Pfützen gebildet hat.

    Ich gehe an Orte, wo Obdachlose Schutz vor der Kälte des Winters suchen. Ich möchte herausfinden, wer sie sind, die Menschen auf den Straßen Berlins. Ich möchte herausfinden, welche Geschichten sie zu erzählen haben.

Bahnhof Lichtenberg

2
Im Kältebahnhof

»Suchste 'nen Platz zum Pennen, Großer? Packste Dich einfach mit zu uns!«, schmunzelt ein tabakfarbener Vollbart, als ich mich unsicher zwischen den gelb gekachelten Pfeilern umherdrücke. Grelle Heavy Metal-Musik donnert durch die Unterführung und vermengt sich mit dem eisigen Durchzug. Unter mir rumpelt die U-Bahn.

Mein Blick fällt auf zwei Piercinggesichter, die inmitten eines Berges aus Tüten, Isomatten, Einkaufswagen und Schlafsäcken knutschen. Auf eine Barfüßige, die Selbstgespräche führend ihre Schuhe umher kickt. Auf einen Glatzkopf, der neben einem Geldautomaten die Hose wechselt. Auf eine Gestalt, die unter einer löchrigen Decke braunes Pulver auf einem Alublech erhitzt. Plötzlich frage ich mich, ob mein Vorhaben hier zu zeichnen nicht auch voyeuristisch ist. Und während ich mir das Hirn zermartere, ob ich den Bahnhof wieder verlassen oder doch einen Versuch wagen soll, die Leute hier anzusprechen (und wenn ja, wie?!), sind sie es, die den ersten Schritt machen.

»Cool, kannste mir'n Gruselmädchen malen?«, fragt eine Frau mit Pippi Langstrumpf-Zöpfen als ich versichere, dass ich hier eigentlich zeichnen und nicht nach einem Schlafplatz suchen wollte. Ich bejahe und werde aufgefordert, mich zu setzen. »Kannste auch Mau-Mau?«, fragt ihr schäkernder Lederjackenkumpel, während letzte schaurige Striche auf meinem Papier landen. »Wer verliert, bekommt die Nägel bunt lackiert!«, grinst er und verteilt die Karten.

»Ich liebe dieses Leben, ich hasse dieses Leben«, murmelt eine Rotweintrinkende mit fahlem Gesicht immerzu vor sich hin, während sie ihren Schlafplatz fegt und mit Blumen dekoriert. Sie setzt sich eine Sonnenbrille über die geröteten Augen und zieht ihre Kapuze über. Erst dann darf ich sie zeichnen. Später hockt sich ihr Freund zu uns. Heute sei ein »echt sau-schöner Tag gewesen«, erzählt er. Sie hätten ihren Pegel erreicht, viel zusammen gelacht und er sei kein einziges Mal aggressiv ihr gegenüber geworden. Von seinem Handy aus ruft sie ihre Tochter an. »Sie fragt mich immer, ob wir uns nicht schämen, hier im Bahnhof zu pennen«, schluchzt sie und umarmt mich, als ich aufstehe.

»Meins, meins, meins!!!« – Ein paar Meter entfernt streiten sich eine Wollmütze mit Duden auf dem Schoß und ein Sakkoträger mit Ratte auf der Schulter lachend um die letzten Stücke Dosenthunfisch. Sie imitieren die Möwen aus »Findet Nemo« und zitieren aus »Der Schuh des Manitu«. Als sie beginnen, in Erinnerungen an die Otto-Filme zu schwelgen, klinke ich mich ein. Als Kind habe auch ich seine Filme gerne geschaut. Die Freundinnen der beiden im Lager nebenan verdrehen die Augen. Sie nutzen das ausnahmsweise mal gut funktionierende Bahnhofs-WLAN. Auf ihren Smartphones laufen »Das Dschungelcamp« und »Hart aber fair«. Man müsse ja schließlich wissen, was in der Welt so passiert.

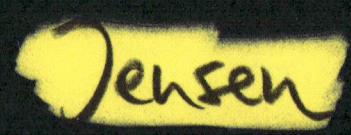

»Ich gehe arbeiten wie jeder andere auch: Schnorren halt. Ist mein Traumberuf! Seit 28 Jahren mache ich das nun schon und ich könnte mir nichts Besseres vorstellen.

Ich hatte ein Haus, eine Frau, einen Job. Aber als nach der Wende mein Malermeister-Abschluss nicht mehr das Gleiche wert war, die Beziehung kaputt ging und ich mit allem nochmal ganz von vorne hätte anfangen müssen, da hatte ich die Schnauze voll. Keinen Bock mehr auf den Staat, keinen Bock mehr auf die Gesellschaft. Also bin ich raus, raus aus dem System. Auch wenn es anfangs schwer war auf der Straße – rückblickend war es die beste Entscheidung meines Lebens.

Auf der Tasche liege ich damit auch keinem. Hartz IV hab ich nicht beantragt, wegen der ganzen Auflagen. Da musst du dich ständig beim Amt melden und wenn du das nicht machst, kriegst du Strafen. Das ist nichts für mich. Ich will frei sein! Und mein Leben genießen. Ich schlafe, solange ich will, stehe auf und mache wonach mir ist. Wenn ich wegfahren will, setze ich mich in den Bus und tuckel' nach Paris, nach Barcelona, nach Hamburg, nach Düsseldorf ... ich war schon überall und in jeder großen Stadt kenne ich Leute.

Eigentlich bin ich Berliner, aber lieber sage ich: ich bin Erdenbürger. Und wenn du freundlich bist, kommst du ganz schön weit auf dieser Erde. Wie man in den Wald hineinruft, so schallt es heraus. Darum schenke ich den Leuten mein Lächeln. Das ist doch das Schönste, was ein Mensch zu verschenken hat. Wenn mehr Leute lächeln würden, dann wäre doch die Welt nicht so schlecht, wie sie gerade ist.«

Kerstin

»Glaubst Du, es gibt Menschen, die kein Talent haben? Denn wenn ich eins hätte, dann wäre ich doch wohl nicht hier, oder?

Ich habe Scheiße gebaut, das weiß ich. Dabei war ich auf einem guten Weg: Ich war auf Alkohol-Entzug und habe in einem betreuten Wohnheim gelebt. Nebenbei habe ich ein unbezahltes Praktikum in einer Klinik gemacht und mich um demente Menschen gekümmert. Bei mir haben sich die Alten wohlgefühlt. Weil ich mich für sie interessiert habe. Mir haben sie ihre Lebensgeschichten anvertraut, bei niemand anderem haben sie das gemacht. Eine Frau zum Beispiel, die nie einen Ton gesagt hat, hat auf einmal wieder gesprochen, als sie mit mir spazieren war. *Schauen Sie! Ein Regenbogen!*, hat sie gesagt und ich habe hochgeschaut ... und da war wirklich einer!

Zwei Abteilungen habe ich quasi alleine geleitet. Meine Kolleginnen haben nichts anderes gemacht als rauchend im Mitarbeiterzimmer zu sitzen und gemein zu mir zu sein. Eines Tages ist mir alles zu viel geworden. Die ganze Arbeit, die Lästerei, die unendlich vielen Termine, die ich täglich wegen der Therapie hatte ... Ich bin in den Supermarkt gegangen und habe mir eine kleine Flasche Rotwein gekauft. Von da an ging alles wieder bergab. Ich bin rückfällig geworden und kurze Zeit später aus dem Wohnheim geflogen.

Jetzt bin ich hier, zwischen all den Leuten, die ständig am Rad drehen. Ich empfinde Liebe für alle von ihnen, glaub mir. Ich verstehe mich mit allen und wir sorgen füreinander. Aber ich will einfach mal wieder dort sein, wo es sich normal anfühlt. Einfach mal wieder am Leben teilnehmen. Bei meiner Tochter sein, tanzend auf einer Party, singend auf einem Konzert ... Mein Freund und ich, wir haben uns geschworen, dass wir es schaffen. Wir wissen schon, das geht nicht von einem Tag auf den anderen. Aber gemeinsam kommen wir hier wieder raus, Schritt für Schritt.

Ich will den Regebogen wieder sehen, weißt du. Und die weißen Schmetterlinge. Hast du die mal gesehen, die weißen Schmetterlinge?«

»Ich bin ein Suchender. Nach Worten. Ich mache mir viele Gedanken über die Ängste der Menschen. Die Angst vor Verlust ihres Eigentums, ihrer Macht, ihres Status', ihrer Komfortzone. Die Angst vor dem Fremden, vor dem, was nicht so ist wie sie. Die Menschen geben ihre Ängste weiter und projizieren sie auf ihre Kinder und die folgenden Generationen. Aus Angst entsteht Gewalt, das sieht man nicht zuletzt hier im Bahnhof. Diesen Fortlauf zu durchbrechen, dafür würde ich gerne eine Lösung finden. Wir Menschen können doch so viel mehr als das hier. Wir alle.

Ich habe schon einiges dazu im Kopf, aber ich habe noch nicht den Eindruck, dass ich genügend Worte gefunden habe, um exakt das auszudrücken, was ich denke. Darum durchforste ich jede Nacht kreuz und quer den Duden und lerne neue Begriffe und Definitionen. Solange, bis ich irgendwann meine Theorien formulieren kann.

Bis vor einem Jahr habe ich Informatik und Philosophie in Trier studiert. Ich hatte Schulden, die ich nicht begleichen konnte und bin aus meiner Wohnung geflogen. Zu Beginn bin ich bei Freunden untergekommen, aber irgendwann hatte ich keine Lust mehr, ihnen ständig zur Last zu fallen. So habe ich mich entschieden, auf der Straße zu leben. Nach Berlin zu kommen, war eine spontane Entscheidung.

Für den Moment will ich erstmal nicht mehr ins *normale* Leben zurück. Man hat ja immer die Wahl, ob man sesshaft oder Nomade sein will. Und ich will die Welt sehen. Ich war noch nie außerhalb Europas! Irgendwann, wenn ich 60 bin, brauche ich das auch nicht mehr machen, warum also nicht jetzt?

Jeder Mensch braucht einen Wohlfühlort. Mein Wohlfühlort ist mein Kopf. Man kann sich so herrlich schön zurückziehen darin. Und überall mit hinnehmen kann man ihn auch.«

Im Fünf-Minuten-Takt spült der Untergrund Menschen auf dem Weg in den Feierabend die Treppen empor. Eine Sonnenstudiogebräunte hält sich ihren Schal über die Nase, ein Flanellanzug mit rosa Krawatte senkt den Blick, zwei Jungs mit Fußballtaschen beschleunigen feixend den Schritt. »Meine Lieben, 'ne winzige Spende?«, ruft ihnen ein ==schunkelnder Magazinverkäufer== hinterher. »Willste das nich' auch mal probieren?«, fragt er mich und hält mir einen Stapel Straßenzeitungen hin. »Dann musste nich' rumkritzeln für dein Geld!«

»Ach, das mit der Zeichnerei ist doch besser als die ganzen Leute, die hier durch unsere Lager latschen und einfach so Fotos von uns machen«, zuckt ein ==Hustender mit roten Backen== gleichgültig mit den Schultern. Ich hatte ihn umständlich gefragt, ob ich ihn portraitieren dürfe. »Andere Leute jonglieren auf der Straße oder rappen irgendein wirres Zeug. Da wird man ja wohl noch zeichnen dürfen«, lächelt eine Stotternde mit geweiteten Ohrläppchen. »Deine Zeichnung beweist mir, dass ich ein Mensch bin. Und das macht mich froh«, meint ein ==rauchender Schlapphut==, wirft einen Tennisball gegen die Wand, fängt ihn geschickt wieder auf, streichelt ihn, nennt ihn liebevoll sein »Kindchen« und lässt ihn wie etwas sehr Kostbares wieder zurück in seine Tasche gleiten.

Je öfter ich den Bahnhof besuche und die Male darauf mit freudig erwarteten Kopien ihrer Portraits zurückkehre, desto mehr etabliere ich mich bei den Menschen hier. Umgekehrt wird auch für mich der Aufenthalt an diesem Ort normaler – das Zusammensitzen in den Lagern, die Unterhaltungen. Mehr und mehr entspannen sich die Striche auf meinem Papier und mit ihnen auch ich. Wäre da nur nicht die Kälte.

»Haste noch Zeit für'n Bild von unserer kleinen Familie?«, fragen mich eines Nachts zwei Punks namens Filmriss und Dragon. Es ist mittlerweile ein Uhr, die eisige Luft hat sich durch alle Schichten meiner Kleidung geschnitten und ich sehne mich nach nichts mehr als unter drei Decken in meiner warmen Wohnung zu liegen. Ich geselle mich zwischen die Hunde Bronko, Sheila und Odin, missbrauche mein Skizzenbuch als Sitzkissen für meinen frierenden Hintern und nehme einen Zug von der mir angebotenen Wasserpfeife. Ein Mann in Bomberjacke wankt vorbei und spuckt in unsere Richtung.

»Ich schlitz euch auf, wenn ihr schlaft!«, keift er. »Alerta! Alerta! Antifascista!«, brüllt es zurück. Fäuste klatschen, Flaschen bersten, Lippen bluten, die Hunde bellen. Polizisten und andere Tunnelbewohner stürmen dazwischen, eine zeternde Frau bekommt einen Schreikrampf, Sicherheitskräfte drohen mit der Räumung des Bahnhofs, ein klatschender Mann mit »Hirntot«-Schriftzug auf dem Unterarm singt das »Backe, backe Kuchen«-Lied, eine Fransenjacke mit Gitarre übergröhlt ihn mit »Knock-knock-knocking on Heaven's Door«.

»Das is' eine Schlafmeile, keine Partymeile!«, stöhnt ein Schlaftrunkener. »Das is' die Straße«, seufzt ein Streetworker. »Das is' besser als Kino«, amüsiert sich ein Kinnbart, verschränkt die Arme hinterm Kopf und lehnt sich zurück an die gelben Kacheln.

»Immer nett sein und grinsen! Dann hast du die besten Chancen, dass die Leute dir was geben. Manchmal hab ich aber gar keinen Bock zu grinsen. Muss ich dann aber trotzdem machen. Und irgendwann hab ich das Gefühl, als hätte ich einen Knüppel im Kiefer und der ganze Mund tut mir weh am Abend … Ich mache das auch gar nicht so gern, das mit dem Zeitungen verkaufen und dem Schnorren. Ist mir oft einfach unangenehm, die Leute anzusprechen.

Ich denke hier viel über das Leben nach. Und wie alles so weit kommen konnte. Es gibt Leute, die mögen das Leben *auf Platte*. Aber da liegst du im Bahnhof, in der Kälte, in deinem Durcheinander und deiner Pisse. Du lässt dich beklauen, hörst die ganze Nacht Geschrei, trinkst deine drei Flaschen Schnaps am Tag, kannst kaum mehr Laufen von der ganzen Sauferei und stinkst so sehr, dass du dich eigentlich gar nicht mehr in die Öffentlichkeit traust. Was ist denn daran schön?

Aber ich hätte es ja besser haben können. Ich war mal vier Jahre lang trocken. Vier! Ich war auf Entzug in einem Heim, hatte ein Zimmer mit Möbeln und allem drum und dran. Irgendwann gab es dann mal wieder ein klitzekleines Feierabendbier, wie es jeder halt so macht – und zack!, vorbei war's. Ich mache mir viele Vorwürfe deswegen.

Jaja, der Teufel aus der Flasche … Das ist doch ein echtes Problem, hier in der Bundesrepublik. Dass du so günstig an Alkohol kommst! Du gehst in den Supermarkt, zahlst fünf Euro für eine Flasche Schnaps und 50 Cent für ein Bier. Da kann ich mir viel kaufen mit meinen 20 Euro, die ich am Tag mit dem Magazin verdien. Ist doch klar, dass man da Alkoholiker wird.

Ich glaube, ich möchte das mal wieder machen. So einen Entzug und Therapie. Vielleicht sollte ich einfach nochmal anrufen, da in dem Heim. Ich kam ja immer ganz gut aus mit den Leuten dort. Aber ob ich mich das traue? Ist mir schon ein bisschen unangenehm, dort anzurufen und zu sagen, was aus mir geworden ist. Hab mich ja ganz schön runtergewirtschaftet, wa? Aber jeder sollte doch eine zweite Chance verdienen. Macht doch jeder mal einen Fehler, oder?«

Fritz

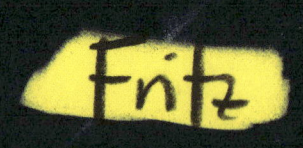

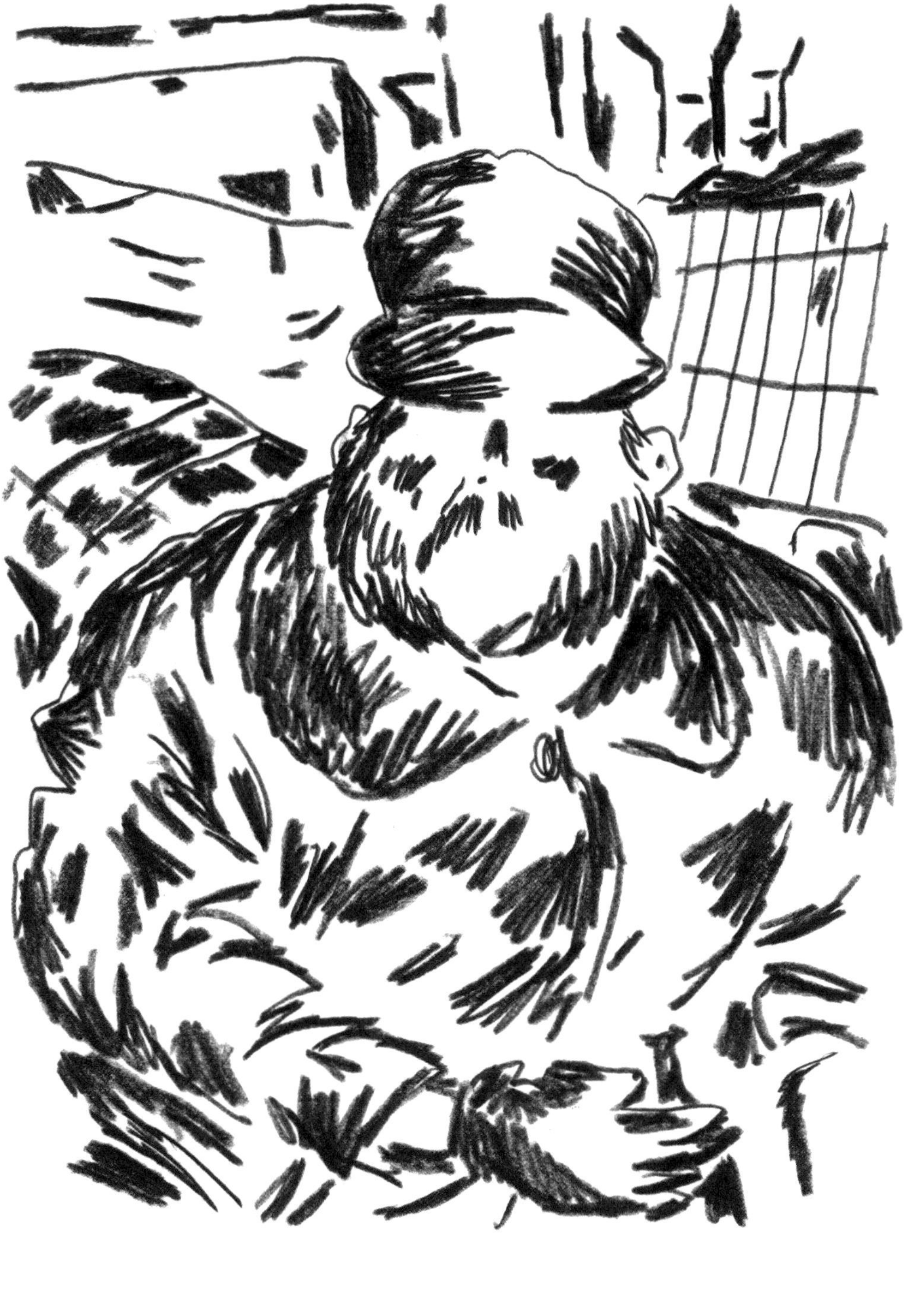

»Um die Flüchtlinge kümmert sich die Regierung. Für die ist Geld da, für die werden Container aufgestellt, in denen sie unterkommen können. Warum macht man das nicht für uns?

Ich war Eisenflechter und habe im Stahlwerk gearbeitet. Irgendwann hat der Betriebsarzt gesagt, meine Wirbelsäule könne man nicht mal mehr als Garderobenständer benutzen. Ich habe meine Arbeit verloren und bin auf der Straße gelandet. Und jetzt stecke ich fest: Hast du keine Wohnung, kriegst du keine Arbeit. Hast du keine Arbeit, kriegst du keine Wohnung. Das ist ein Teufelskreis.

Wenn ich wenigstens Hartz IV bekommen würde. Aber bei diesen ganzen Formularen, da blickt ja kein Mensch durch, wer soll denn das bitte verstehen? Eine Streetworkerin hat gesagt, dass sie nächste Woche mit mir aufs Amt geht und dann erledigen wir die Sache. Keine Angst soll ich haben, hat sie gesagt.

Mit meinen alten Knochen hier auf der *Platte* zu pennen, das ist kein Spaß, das kann ich dir sagen. Der Mensch braucht einfach sein eigenes Zuhause. Wo er die Tür zu machen kann, wo sich keiner mit Krätze in sein Bett legt, wo er seine Ruhe hat.

Mit so einem bisschen Ruhe kann man sich ja ganz anderen Dingen widmen. Wenn ich wieder eine Wohnung habe, besorge ich mir erstmal so eine schöne alte Nähmaschine und fange das Schneidern wieder an. Und Pferdebilder würde ich gern wieder malen, das habe ich früher in meiner Freizeit gemacht. Mein Onkel, der hatte einen Haflinger. Den hab ich mir genau angeguckt und danach für ihn zum Geburtstag auf ein Stück Holz gepinselt. Als er das Bild gesehen hat, da hat er geweint. Aber hier im Tunnel kannst du sowas komplett vergessen. Bei dem ganzen Radau und der Kälte kann man ja kaum weiter denken als ein Schwein scheißt.«

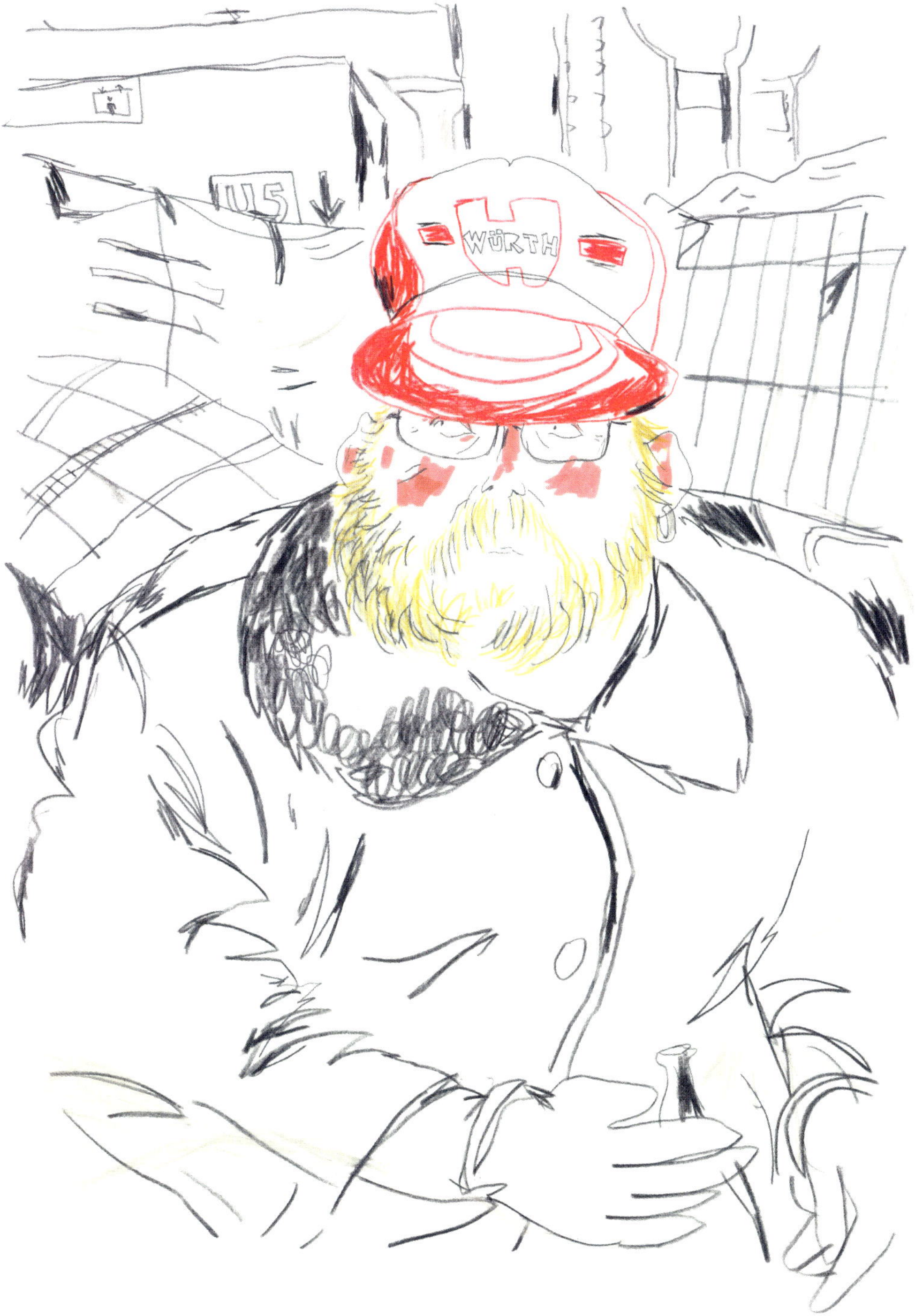
U5
WÜRTH

Wilfried

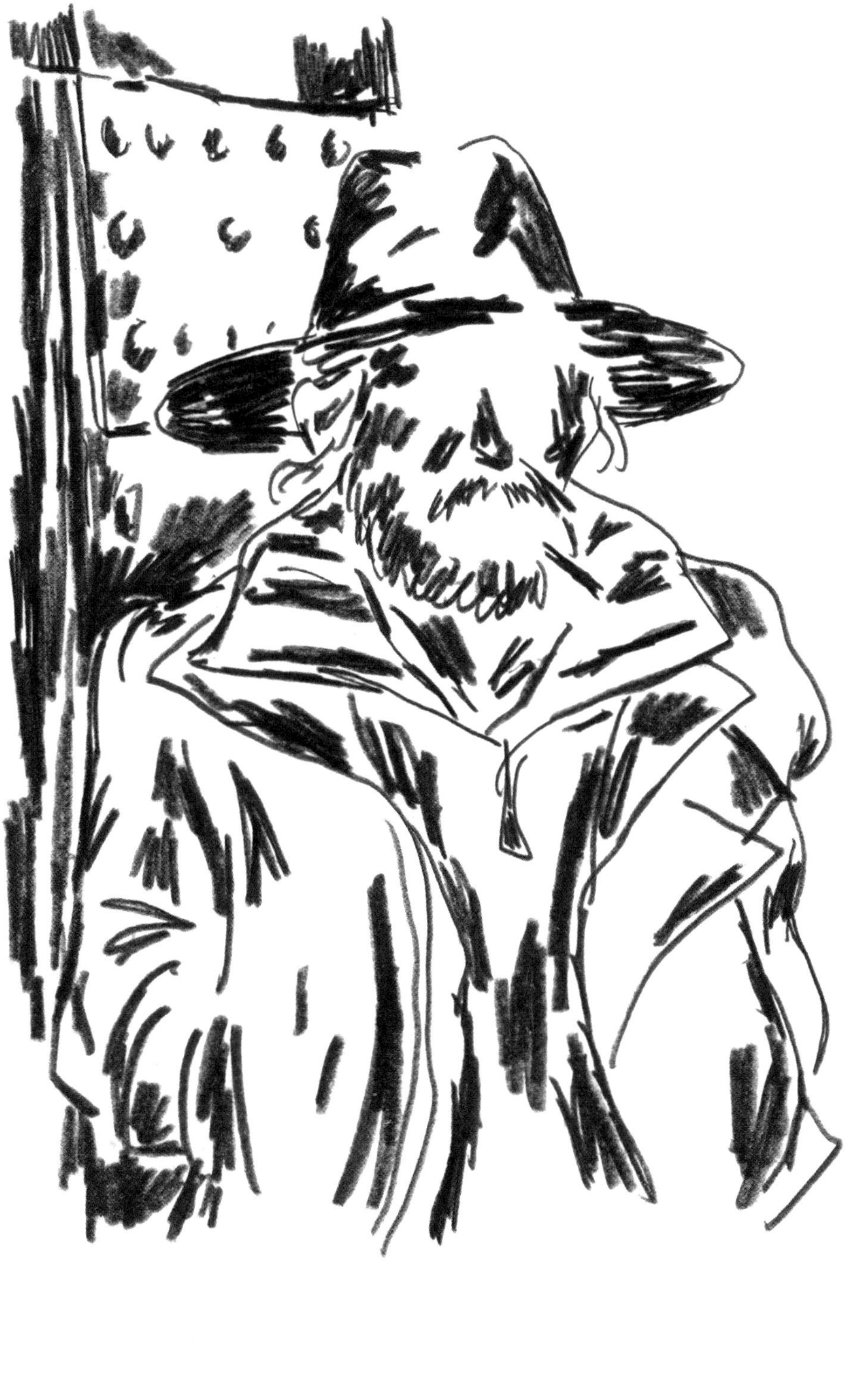

»Verlust ist mein Lebenselixir geworden. Gestern hat man mir mein Handy geklaut, beim Schlafen, einfach aus der Hand heraus. Dafür hab ich heute einen Tennisball gefunden. Was war ich froh, was war ich glücklich! Wenn man nichts mehr hat, dann kann so ein Tennisball Gold wert sein. Was man damit alles machen kann! Und vor allem: was man darin alles sehen kann. Das Gesicht von Ronald Reagan zum Beispiel, den äußersten Stern des Sonnensystems, die Krallen eines Habichts, das Zepter Ludwigs des XVI. ... Das alles fällt einem erst auf, wenn man ewig keinen Tennisball mehr in der Hand gehabt hat.

Früher, zu Ostzeiten, war ich Bildhauer und habe aus meinen Holzklötzen all die Dinge geschnitzt, die ich darin gesehen habe. Dieses Leben habe ich verloren. Trotzdem versuche ich, die positiven Seiten zu sehen. Ich bin einigermaßen gesund, ich bin frei, ich habe gute Leute um mich herum und erfreue mich an den wenigen Dingen, die mir der Alltag so anspült. Auch wenn sie am nächsten Tag oft wieder weg sind. Wenn du in der Scheiße sitzt, musst du die kurzen Momente des Glücks auskosten so gut wie es eben geht.

Jaja, der eine sitzt in seinem Reichtum am Wannsee, der andere sitzt mit einem Tennisball am Lichtenberger Bahnhof. Heißt aber nicht, dass der am Wannsee mehr Freude empfinden kann.«

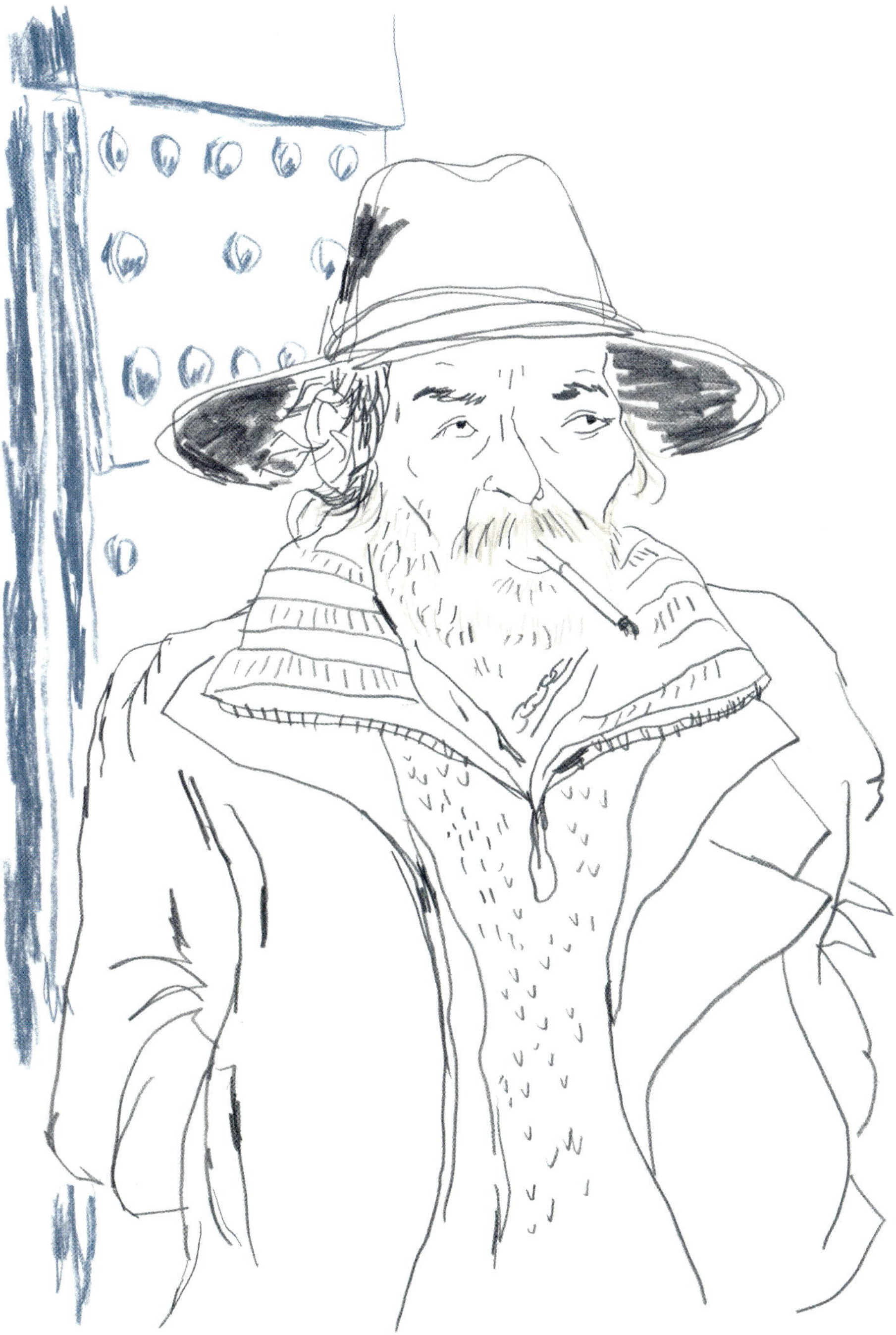

André
(streetworker)

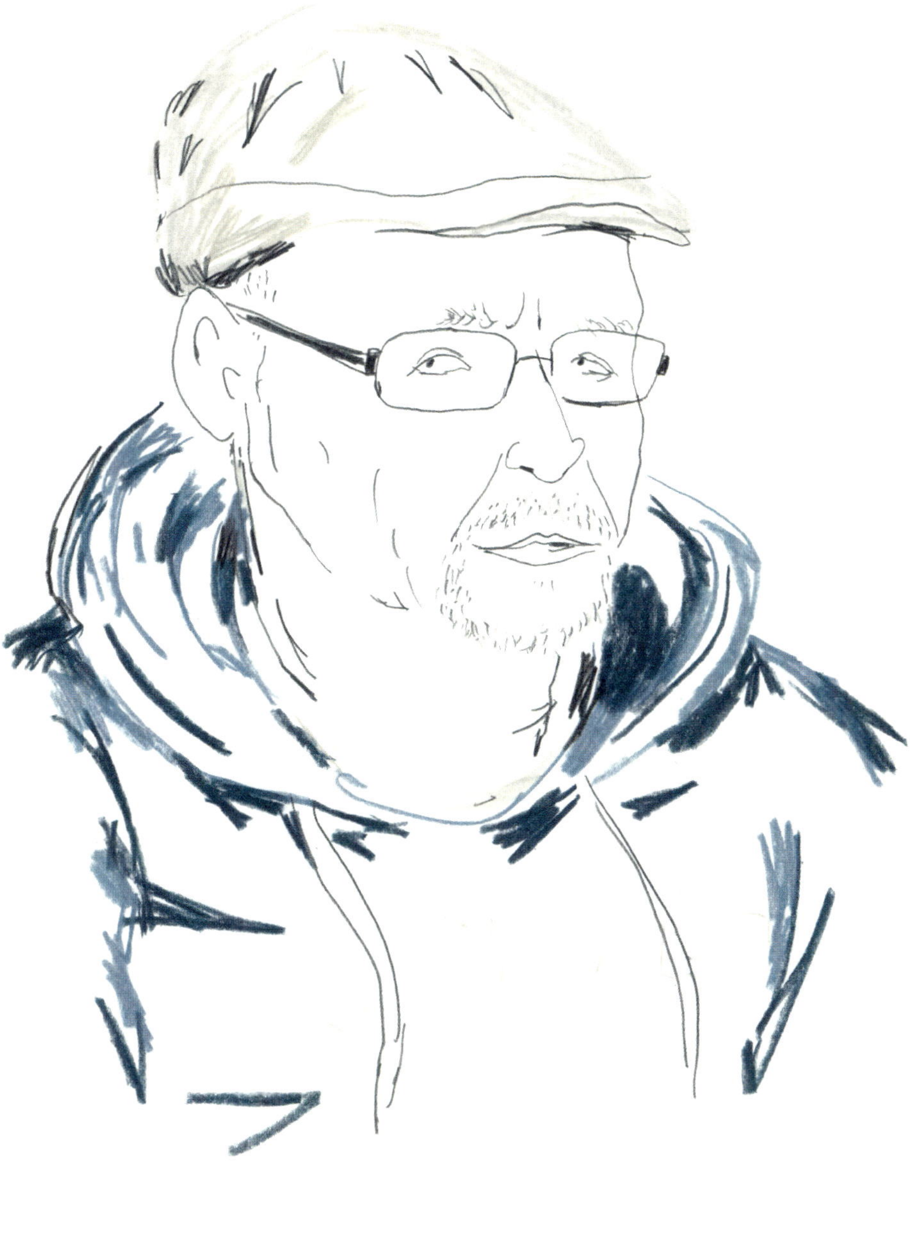

»Unser Job im Kältebahnhof ist in erster Linie, dafür Sorge zu tragen, dass hier keiner erfriert. Daneben versuchen wir, wo es geht die Leute in ihren persönlichen Situationen zu unterstützen. Einigen kann man helfen, andere sind einfach nur froh, wenn man sie als Mensch behandelt.

Ich war selbst schon obdachlos. Ich habe auf Gran Canaria gelebt und 500 Euro am Tag verdient. Als mich meine Frau verlassen hat, bin ich nicht mehr klargekommen, habe all mein Geld versoffen, bin zurück nach Deutschland gekommen und dann im Sozialsystem gestrandet. Ich war dreimal klinisch tot, lag im Koma, saß im Rollstuhl, bin fast erfroren … Irgendwann habe ich mich zu einer Therapie aufgerappelt und mich da wieder rausgekämpft. Seit eineinhalb Jahren bin ich zurück im Leben, habe eine eigene Wohnung und helfe seitdem Obdachlosen.

Die Ursachen für Obdachlosigkeit sind meist emotionaler Natur. Der Verlust des Partners ist der häufigste Grund. Ich kenne aber auch jemanden, der obdachlos geworden ist, weil sein Hund gestorben ist. Er stand dem Tier so nahe, dass er dessen Tod einfach nicht verkraftet hat. Bei anderen wiederum hakt es an Kleinigkeiten. Zum Beispiel weil sie Behördenbriefe nicht verstehen. Sie haben keine Ahnung wie man Formulare ausfüllt, schämen sich es zuzugeben und sich Hilfe zu holen und schon nimmt die Misere ihren Lauf.

Die allerwenigsten sind aus Überzeugung auf der Straße. Aber viele machen eben aus der Not eine Tugend und sagen, dass sie gerne draußen und in sogenannter Freiheit leben. Im Sommer kann Obdachlosigkeit auch mal schön sein, aber gerade im Winter ist diese Freiheit doch eine sehr eingeschränkte. In Wahrheit wünschen sich fast alle eine eigene Wohnung.

Hier im Bahnhof haben wir eklatante Schwierigkeiten mit den Passanten. Klar passiert es, dass die Obdachlosen sich auch untereinander mal zoffen. Aber größtenteils sind sie friedlich. Die meiste Gewalt geht von anderen aus – von Rechten, die die Punks anpöbeln, von Alkoholisierten, Hochnäsigen und Touristen, die sich über die Obdachlosen aufregen oder lustig machen. Die meisten, die hier durchgehen, sehen sich als etwas Besseres. Nur weil sie eine Wohnung oder teure Klamotten haben. Und dann schnorr so jemanden mal um 10 Cent an. Der glaubt, das Recht zu haben, mit deinem Leben zu machen, was er will.

Ich möchte mit meiner Arbeit dazu beitragen, das Bild zu ändern, was die Leute von Obdachlosen haben. Viele Leute urteilen sehr schnell und sagen: *Der ist doch selber schuld, der hat doch das Saufen angefangen!* Aber man sollte sich die Frage stellen: *Warum* hat er angefangen zu saufen? Natürlich ist ein großer Teil eigenes Verschulden, aber zur Obdachlosigkeit kann es nur führen, wenn die Gesamtlage prekär und das Umfeld dafür ausgelegt ist.

Wir sollten Obdachlose als das ansehen, was sie sind: als ganz normale Menschen. Als Menschen, denen aus irgendwelchen Gründen das Leben entglitten ist. Die alle mal kleine Knirpse waren und ihren ersten Schultag hatten, die Väter, Mütter oder Ehegatten sind. Und die emotional völlig gleichwertig sind, wie du und ich.

Und auch unser Sozialsystem gilt es zu überdenken. Bislang haben wir ein Säulensystem: die Obdachlosigkeit, dann die betreuten Übergangshäuser mit Sozialarbeit und erst wenn die Wohnfähigkeit bescheinigt wird, besteht die Chance auf eine eigene Bleibe. Diese Bescheinigung zu erlangen, ist allerdings unfassbar schwer. In einem betreuten Wohnheim ist man massivem Druck ausgesetzt. Macht man nur einen einzigen Fehler, wird rückfällig oder verpasst einen Therapietermin, wird man wieder vor die Tür gesetzt und verliert auf einen Schlag sein komplettes soziales Umfeld. Von einem *normalen* Menschen wird 100 Prozent verlangt, wenn er 70 bis 80 Prozent leistet, ist jeder zufrieden. Von einem Obdachlosen aber werden 150 Prozent verlangt.

Housing First ist ein besserer Ansatz. Das ist die Idee, jedem Obdachlosen ohne Wenn und Aber eine eigene Wohnung zu geben. Es gibt nur zwei Regeln: die Hausordnung einhalten und jede Woche einen Sozialarbeiterbesuch zulassen. Ein eigener Rückzugsort mit geregeltem Umfeld ist existenziell wichtig! Er gibt Selbstvertrauen, man fühlt sich wieder zur Gesellschaft gehörig und hat Zeit und Kraft, sich auf seine eigentlichen Probleme zu konzentrieren. Dieses Konzept ist bereits sehr erfolgreich in Mexiko, Spanien, Finnland, Dänemark und einigen Städten der USA. Auch unsere Politik beschäftigt sich damit. Nur gibt es momentan noch nicht genügend freie Wohnungen und es fehlt an professionellen Helfenden.

Aber ich werde mich weiter für diese Idee einsetzen. Mein Ziel ist es, alle Obdachlosen von der Straße zu holen. Und ich denke, das ist möglich.«

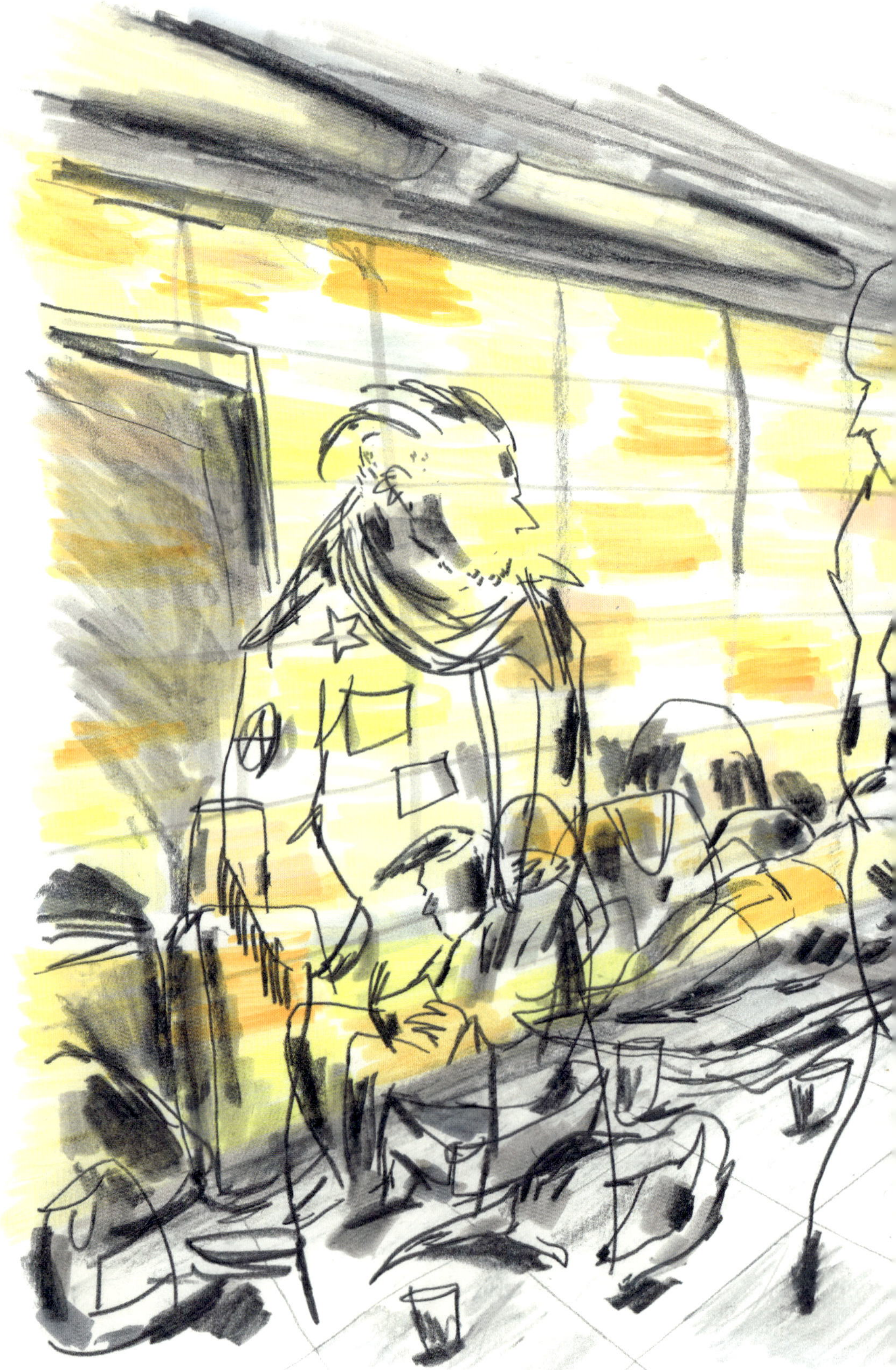

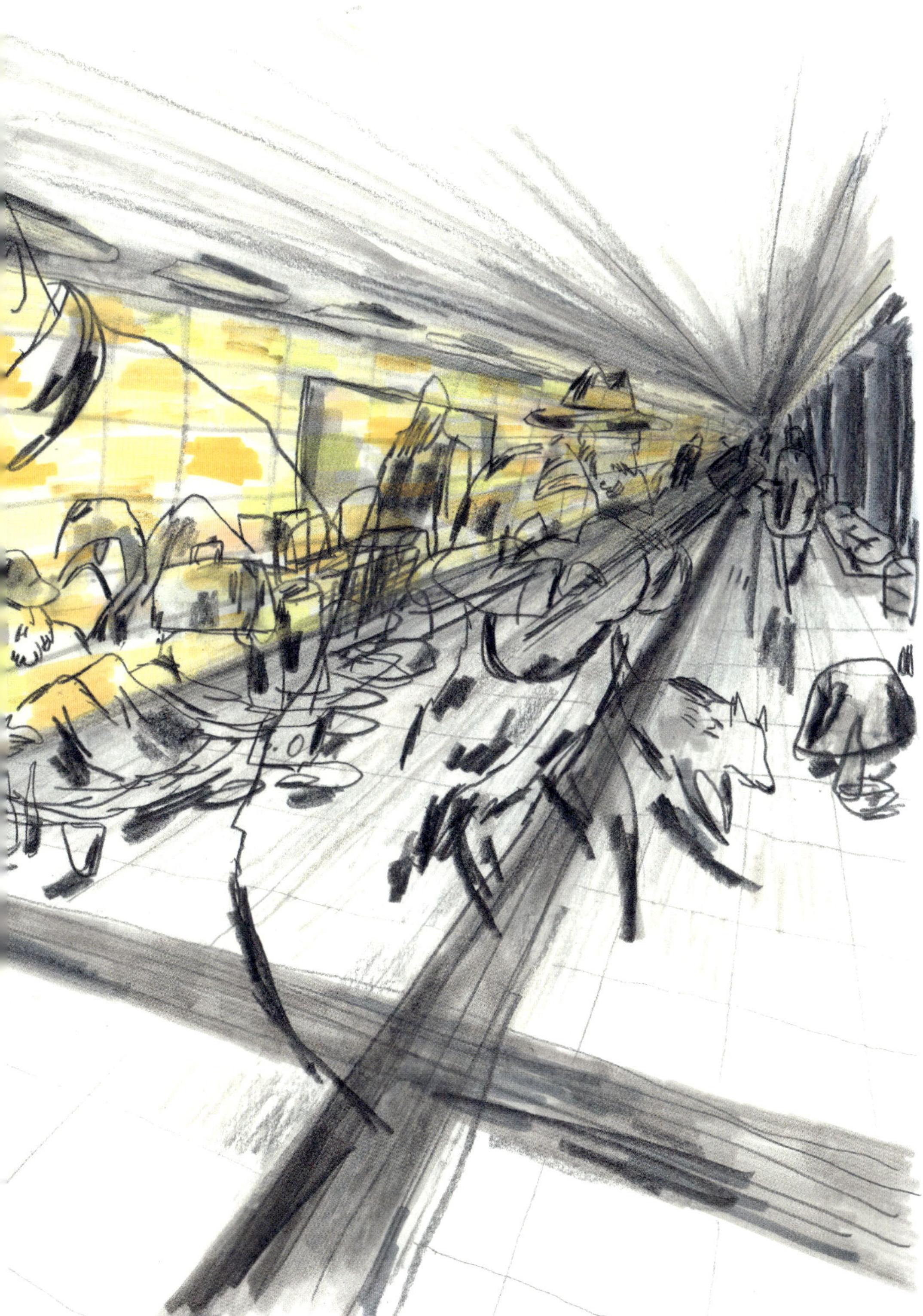

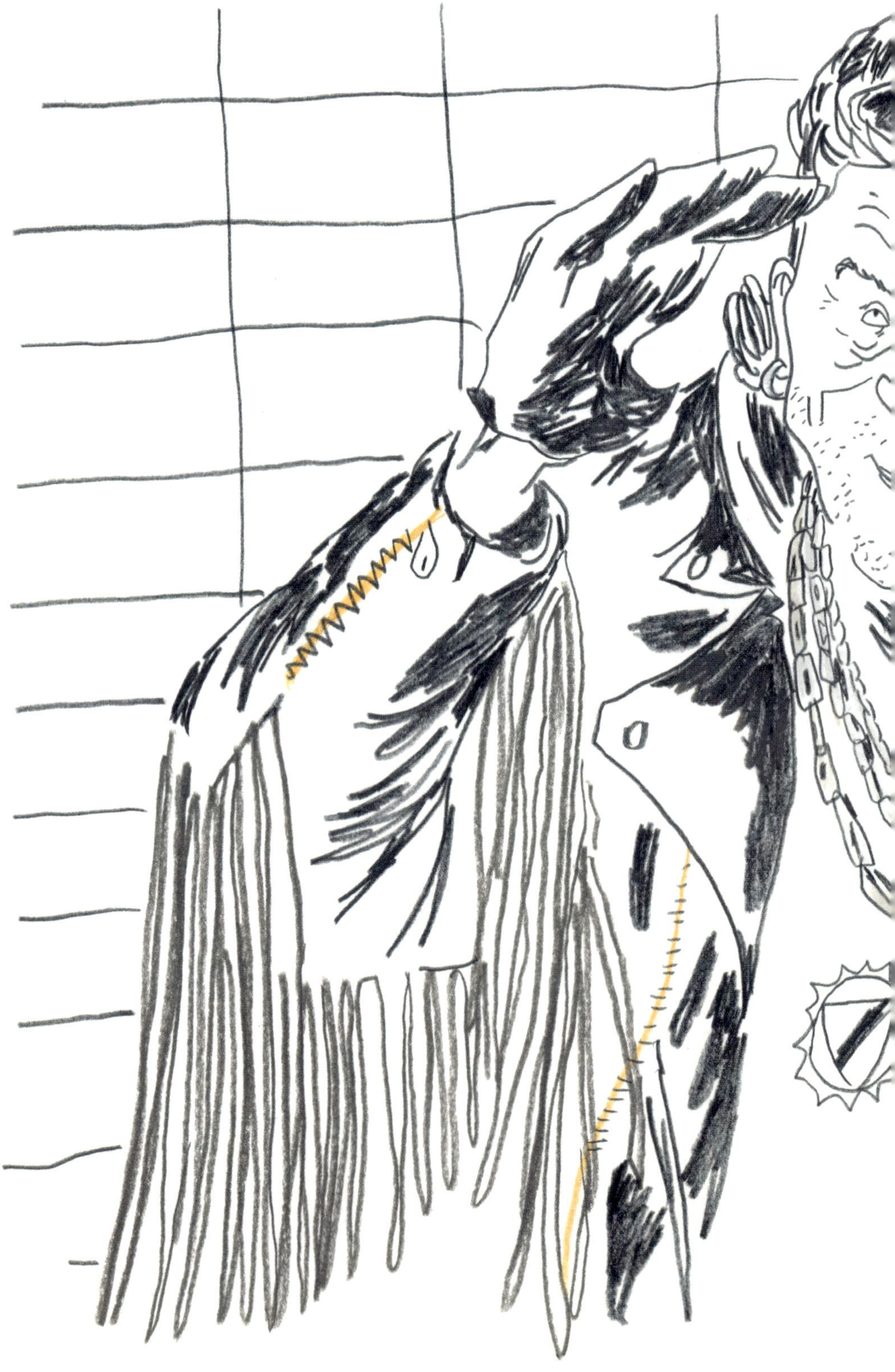

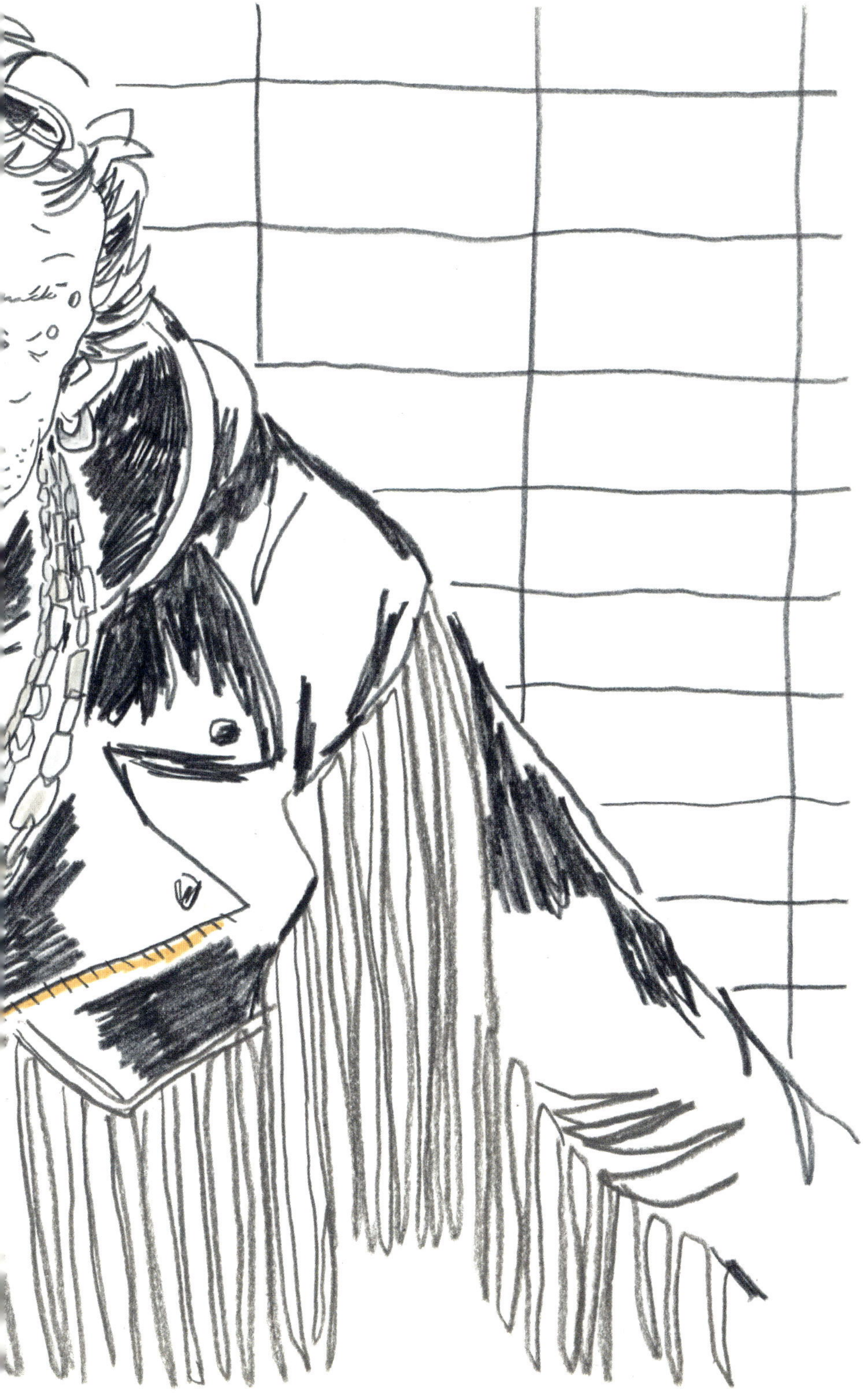

3 Im Wärmezelt

»Verpetzte uns aber nich', ne?!«, grinsen der Mann mit dem Silberblick und der mit dem schwarzen Schneidezahn und nehmen tiefe Schlücke aus Pilsator-Dosen, die sie unter ihren Jacken versteckt halten. Den kreisenden Joint lehne ich dankend ab. Mit angezogenen Schultern stehe ich dicht an dicht zwischen Daunenjacken, Fellkragenparkas, Tüten und Rucksäcken, inmitten sich begrüßender Ghetto-Fäuste, Alkoholfahnen und strenger Körpergerüche. Zu meinen Füßen erbricht sich ein Mann mit Ohrenschützern. Alle sind fixiert auf die sich öffnende Tür: Als die Sicherheitskräfte die Schlafplatznummern ausgeben, gerät der Container vor der weißen Kuppel ins Wanken.

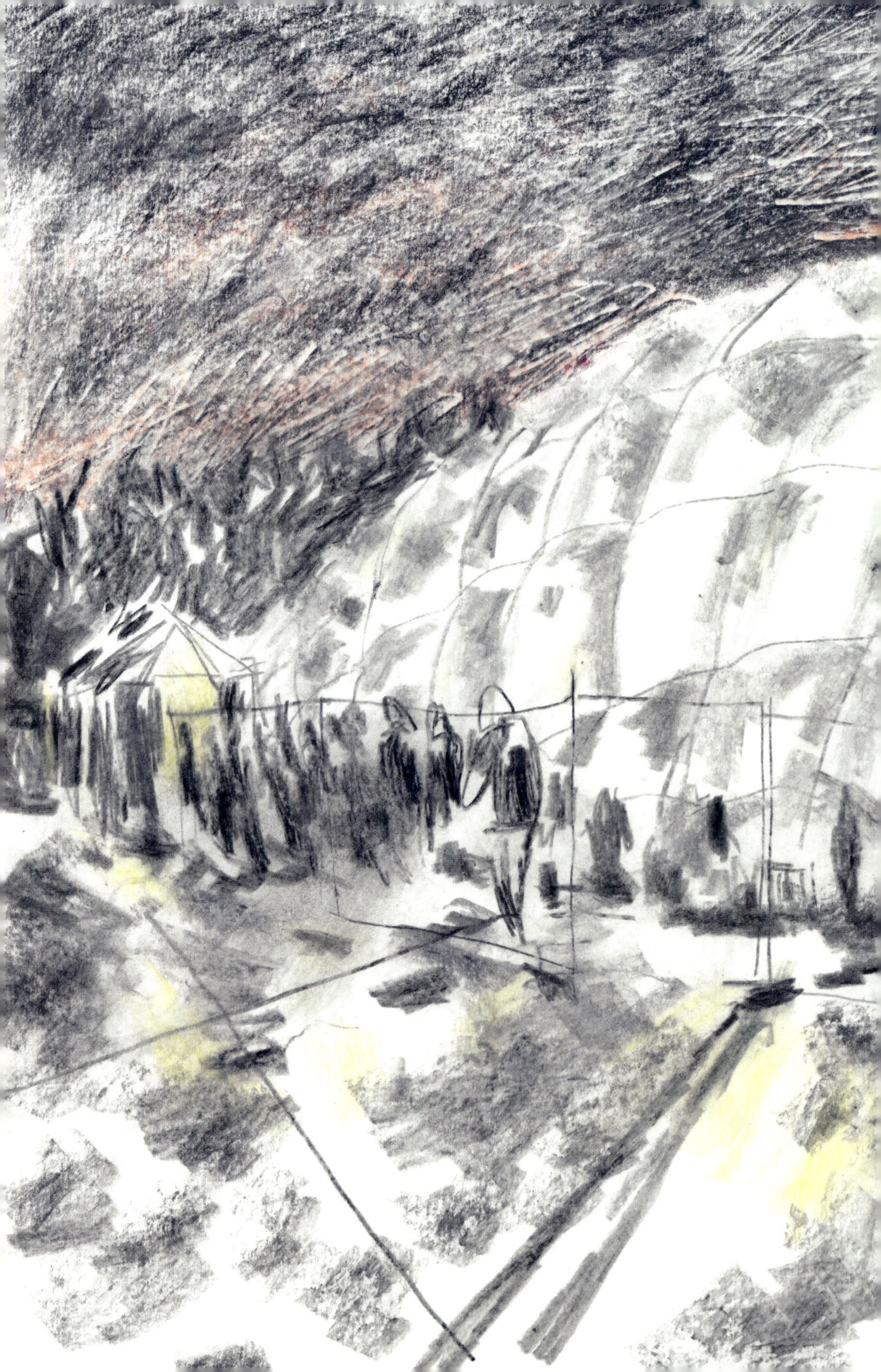

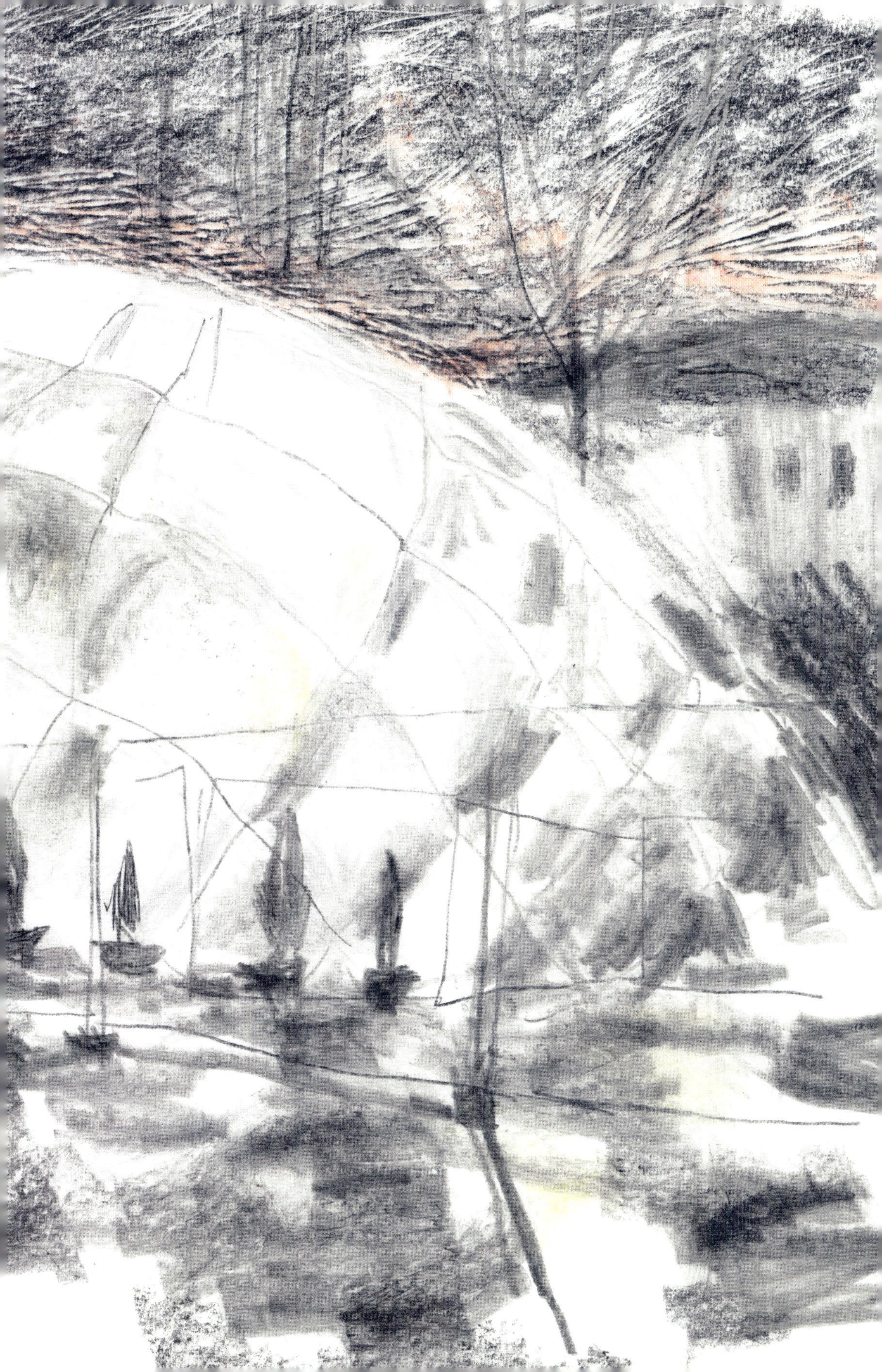

Notübernachtung am Containerbahnhof

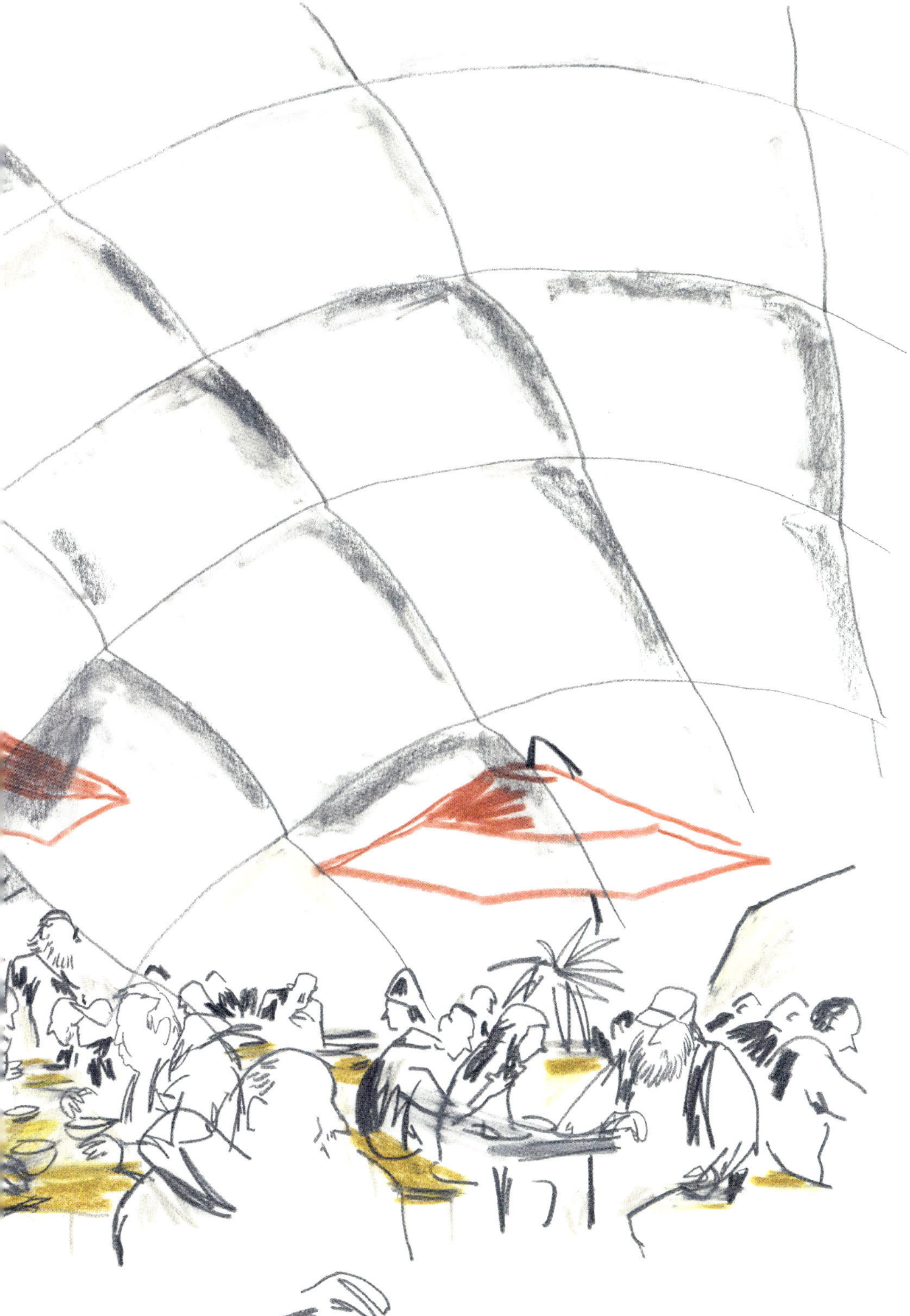

Meine steifen Glieder entspannen sich etwas, als ich das warme Zelt betrete. Aus den Lautsprechern dudelt Radio Fritz, gut gelaunte Helferinnen und Helfer verstauen Gepäck, verteilen Eintopf, Friseurinnen rasieren Undercuts und stutzen Bärte. Ich setze mich an einen Tisch mit blumengemusterter Plastikdecke, fingere mir etwas verlegen einen trockenen Lebkuchen aus einer Schale und setze den Stift an.

»Willkommen am Tisch der germanischen Fraktion«, sagt ein Pferdeschwanz mit Bundeswehrabzeichen, nachdem er mir einige Minuten lang eindringlich über die Schulter geblickt hat und ich so getan habe, als würde mich das nicht irritieren. Seine Kumpane nicken. Sie erzählen, dass die Bundesrepublik nicht mehr das »Goldene Land« sei, das es früher einmal war und werfen verächtliche Blicke in Richtung des Tisches der »Polacken«, die immer nur über Deutschland schimpfen würden.

»Es gibt viel Rassismus und Feindseligkeit unter uns Obdachlosen. Von Seiten der Deutschen, aber auch von Seiten der Osteuropäer«, erklärt ein unablässig ==handytippender Mittdreißiger== am Nebentisch. »Aber wir, wir sind doch wie 'ne kleine Familie. Wir halten alle zusammen!«, wirft ein Goldkettenumhängter mit Schluckauf ein. »Bloß, dass man sich innerhalb einer Familie eigentlich nicht beklauen sollte ...«, knurrt eine ==Tätowierte mit Sicherheitsnadel in der Nase== und verengt die grauen Augen zu Schlitzen.

>»Ich mag Deutschland. Es ist alles nicht so barbarisch wie in meinem Land, wo jemand wie ich kaum Hilfe erhält«, sagt ein ==slowenischer Hundebesitzer==, den ich sofort wiedererkenne. Ich war letztens unter der S-Bahn-Brücke an ihm vorbeigelaufen. Jedes seiner Worte bringt er nur mit großer Mühe über die Lippen. Seinen Rollstuhl solle ich nicht zeichnen, bittet er, »lieber einen Ferrari oder BMW«.

»Kann man mitmachen?« Ein ==schüchterner Blondschopf== setzt sich zu uns und streicht ehrfürchtig über meine Buntstifte. »Ist ganz schön lange her ...« Tief über das Blatt gebeugt werkelt er wortlos und mit akribischer Genauigkeit an einer einzelnen Zeichnung. Solange, bis die Lichter im Zelt gedimmt werden. Das fertige Bild, ein lachender, von skurrilen Pflanzen umwucherter Berg, steckt er unauffällig in mein Skizzenbuch.

Ronny

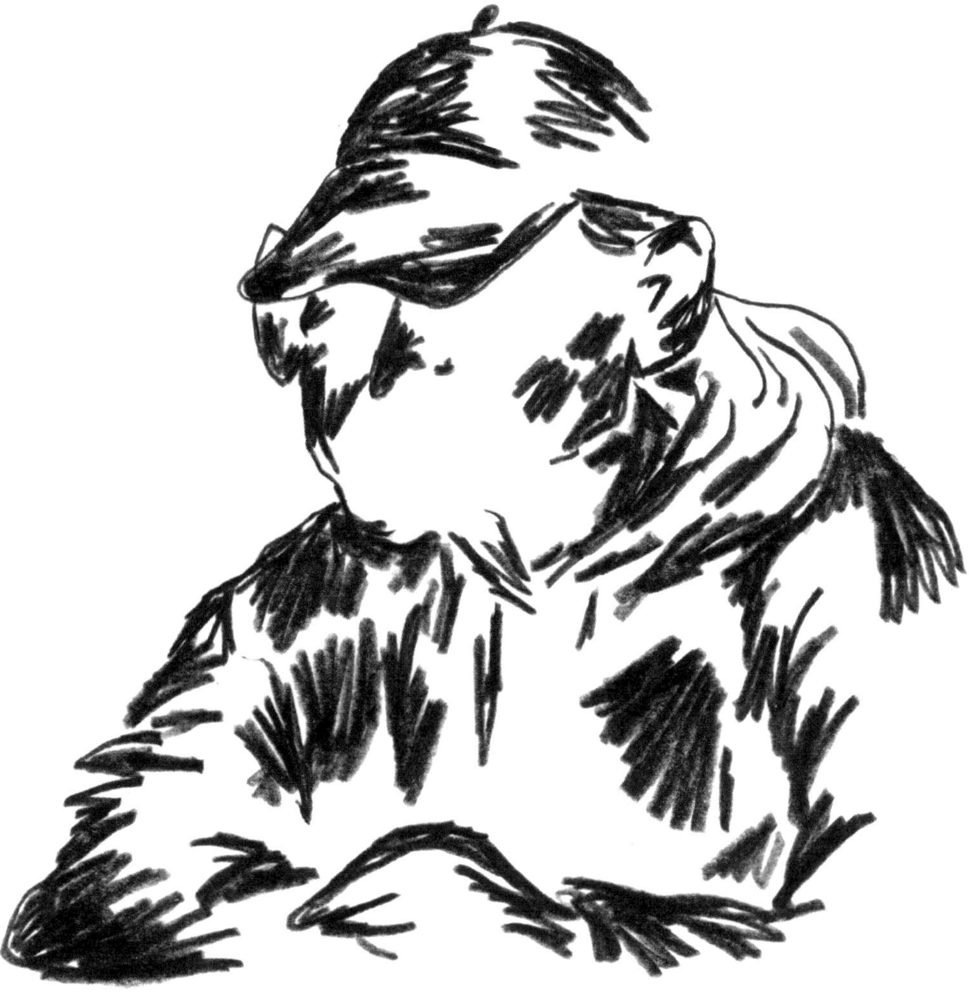

»Was die Leute für Vorurteile haben! Ich würde gar nicht aussehen wie jemand, der obdachlos ist, hat letztens eine Frau zu mir gesagt. Aber wie genau sieht denn jemand aus, der obdachlos ist? Es gibt doch überall Leute, die sich scheiße anziehen und solche, die sich rausputzen. Leute, die Arschlöcher sind, und solche, die freundlich sind. Jeder Mensch ist einzigartig! Das gilt für Obdachlose genauso wie für *Normalos*.

Ich war 20 Jahre bei der Bundeswehr. Ich war im Krieg! Ein Jahr im Kosovo, drei Jahre in Afghanistan. Gegen die Terroristen haben wir gekämpft! Denn bevor die uns abknallen, knallen wir die doch lieber ab, oder etwa nicht?! Eines Tages haben wir eine Bombe kassiert. Drei Kameraden waren sofort tot, einige andere schwer verletzt. Bei mir war ein Finger ab, ein Splitter im Bein, die Karriere war vorbei. Danach habe ich noch ein bisschen einen auf Intellektuellen gemacht und in Hannover an der Bundeswehruni unterrichtet, das war aber nicht mein Ding.

Dann ist meine Frau gestorben, nach 24 Jahren Ehe. Und ich habe mir gedacht, was mach ich noch hier? In der leeren Wohnung, ohne *Olle*, ohne Kameraden ... Da habe ich entschieden: Auszeit! *Time Off*! Raus hier, ab nach Berlin.

Den Sommer über hatte ich ein Zelt am Wannsee, jetzt im Winter bin ich hier. Es war meine freie Entscheidung, dieses Leben zu leben. Ich könnte genauso gut in ein Hostel gehen, aber das will ich nicht. Weißt du, je weiter man in der Gesellschaft nach unten sinkt, desto mehr halten die Menschen zusammen. Und das ist das, was mir gefällt.«

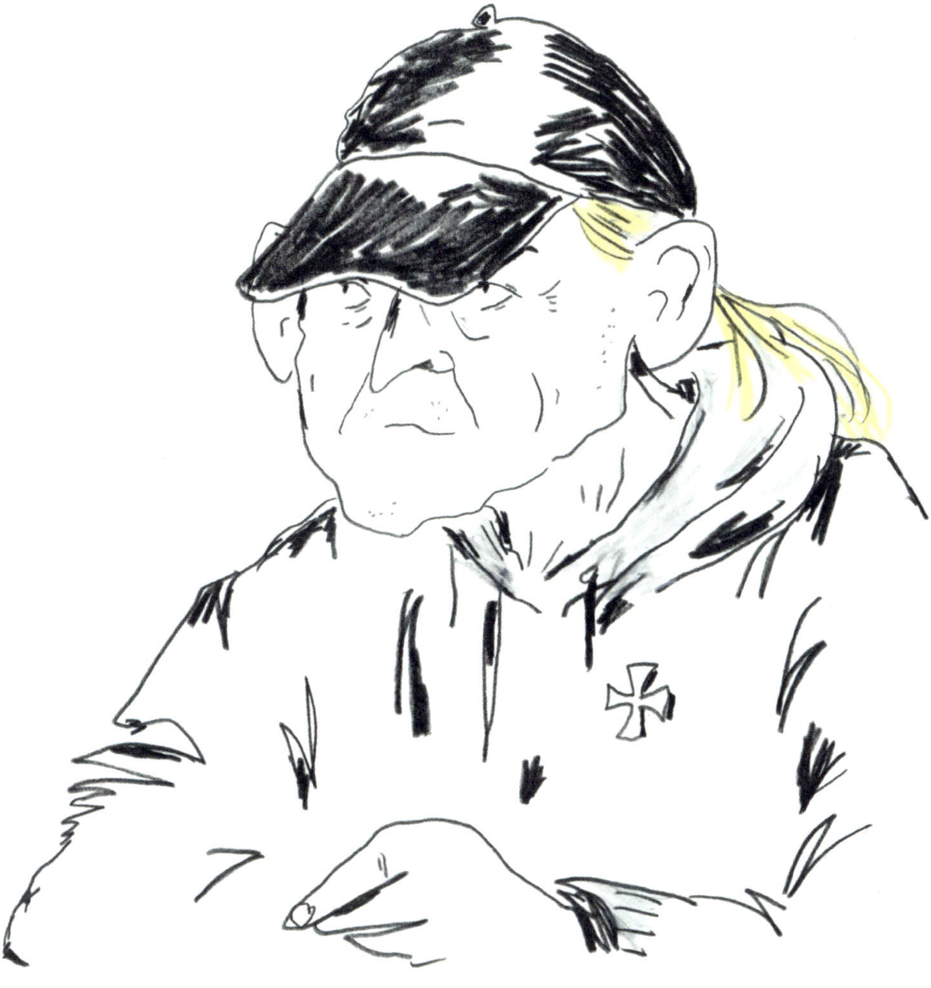

Gabriel

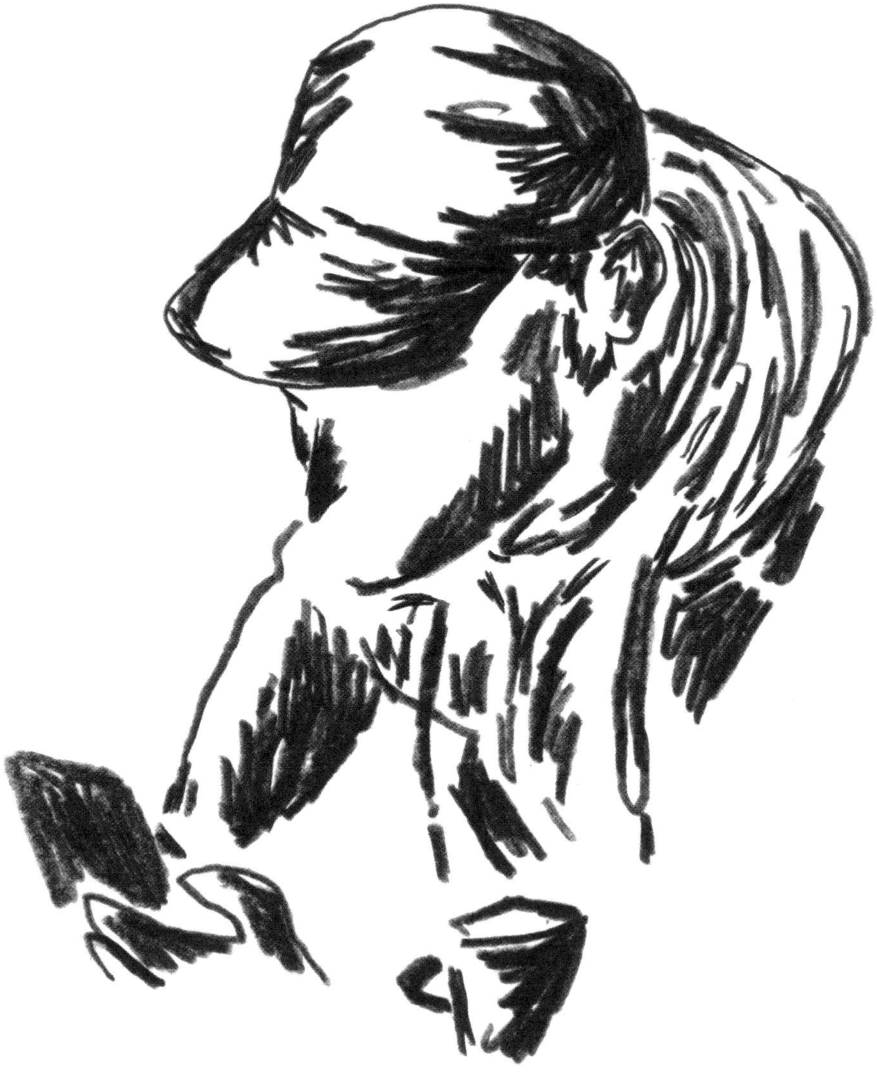

»Hier in der Notunterkunft ist es ein wenig so wie in dem Film *Das Experiment*. Verschiedenste Menschen werden einfach aufeinander losgelassen und es wird geschaut, was passiert – Alkoholiker, Drogensüchtige, Menschen mit schweren psychischen Problemen. Viele bräuchten individuelle Betreuung und es müsste Psychologen geben, die sich um die Leute kümmern, die eigentlich in eine Klinik gehören.

Ich hatte ein Start-Up für Kryptowährung. Das lief sehr gut, bis es diverse Probleme gab und mein Konto eingefroren wurde. Auf einmal fehlten mir über 60.000 Euro. Zur selben Zeit ist meine Beziehung in die Brüche gegangen und ich habe den Kontakt zu meiner Tochter verloren. Von da an habe mich ein Stück weit aufgegeben. Ich hatte die Wahl zwischen der Straße in Bayern, wo ich zu diesem Zeitpunkt gelebt habe, und der Straße in Berlin. Ich habe mich für Berlin entschieden, weil es hier mehr Hilfsmöglichkeiten gibt. Aber es ist trotzdem ganz schön gefährlich und schwer hier.

Seit Januar habe ich begonnen, über mein Leben als Obdachloser zu bloggen. Es gibt einfach viel zu wenig Aufmerksamkeit zu diesem Thema. Ich möchte, dass die Leute sehen, welche Steine einem tagtäglich in den Weg gelegt werden, wenn man auf der Straße lebt. Ich möchte die Dinge, die schlecht laufen, ansprechen und einen Diskurs eröffnen. Seit ich das mache, bekomme ich viele positive Rückmeldungen, unter anderem von Politikern und Journalisten.

Wenn es mir besser geht, will ich natürlich wieder zurück in ein geregeltes Leben. Aber nicht mehr in mein altes, nicht mehr zurück in die Start-Up-Szene. Ich würde lieber etwas machen, mit dem ich den Menschen auf der Straße helfe. Etwas, bei dem ich meine eigenen Erfahrungen einbringen und Dinge verändern kann.

Erstmal brauche ich aber einfach ein Dach über dem Kopf. Egal wo. Bis dahin lebe ich eben noch dieses Leben. Das ist schwer, aber ich lerne dabei auch viel. Dinge, die ich in den vorigen Jobs nicht gelernt habe: zufrieden sein mit den wenigen Sachen, die ich habe. Sich nicht so viele Gedanken um die Meinung anderer machen. Nicht immer nach dem nächsten großen Etwas suchen.«

Gabriels Blog findet man auf Instagram unter @berlin.war

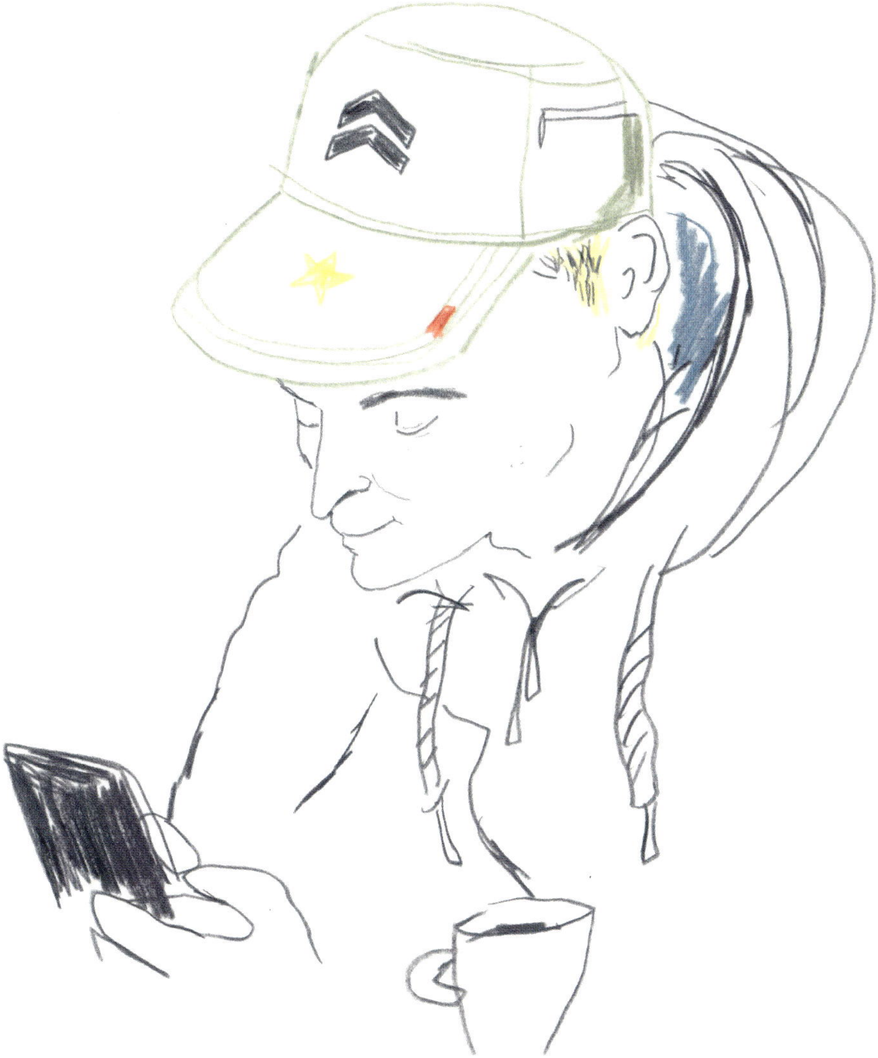

Samira

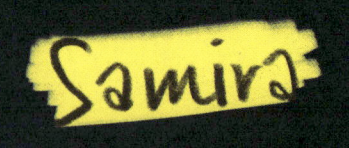

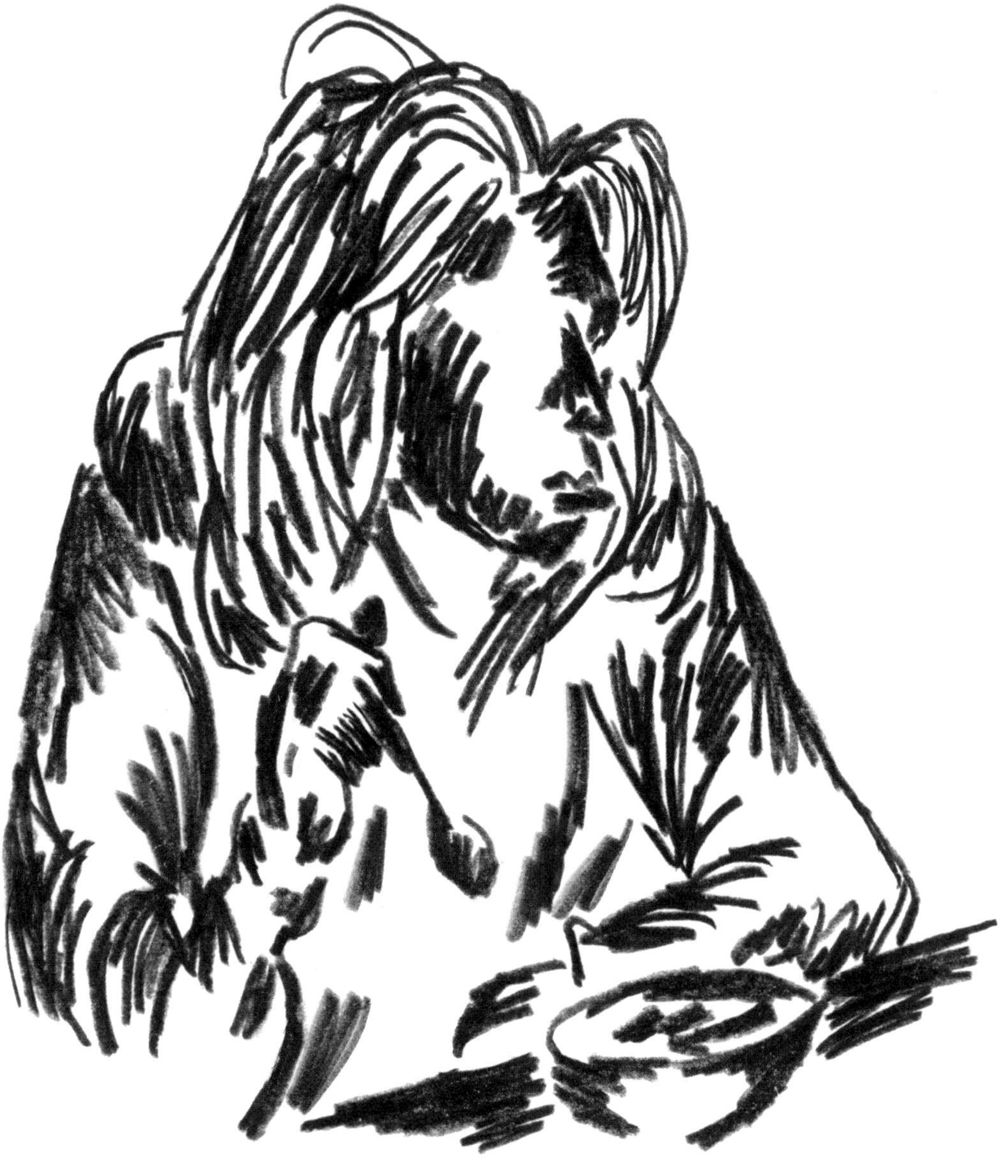

»Jeder Mensch hat das Recht auf Rausch! Der Rausch ist ein Grundbedürfnis, etwas ganz Natürliches. Selbst Tiere holen sich ihren Rausch: Katzen und Pferde essen Pflanzen, die sie high machen. Affen reiben sich mit Tausendfüßlergift ein, um psychedelische Trips zu erleben. Elefanten und Bienen besaufen sich gern. Ich finde, wir bräuchten eine Änderung des Betäubungsmittelgesetzes. Drogen müssten für jeden frei zugänglich sein! Dann gäbe es keine Beschaffungskriminalität mehr, der Stoff wäre rein und die Leute würden nicht mehr den gestreckten Scheiß von der Straße kaufen. Und es gäbe weniger Leute im Gefängnis, die dem Steuerzahler auf der Tasche liegen. Die meisten sitzen doch wegen der Drogen. Oder wegen Schulden. So wie ich.

Zwei Monate war ich mal im Knast. Ich bin notorische Schwarzfahrerin. Ich sehe einfach nicht ein, dass ich für ein Ticket, womit ich nur 120 Minuten fahren darf, fast drei Euro zahlen soll. Wo soll ich das Geld bitte hernehmen? Irgendwann hatte ich so einiges an Schulden bei der BVG angehäuft und die haben mir eine Haftstrafe aufgebrummt. Ich fand's an sich ganz nett im Gefängnis. Da bist du im Warmen, hast drei Mahlzeiten am Tag und einen Fernseher. Sogar eine Katze lief da rum.

Eine Frau, die mit mir einsaß, hat sechs Jahre bekommen, weil sie mit ihrem Mann Gras angebaut hat. Eine andere wegen schwerer Körperverletzung nur fünf. Da stimmt doch was von der Gewichtung nicht.

Es gibt viele Obdachlose, die Haftstrafen absitzen müssen. Die meisten wollen das natürlich im Winter machen. Da hast du aber kaum eine Chance, die Gefängnisse sind zu der Zeit gerammelt voll. Aber an sich ist das doch das Bescheuertste, was man tun kann: Einen obdachlosen Menschen wegen Schwarzfahren einsperren! Ich hatte 600 Euro Schulden. Weil ich die nicht zahlen konnte, hab ich nochmal 100 Euro Strafe obendrauf bekommen. Dazu kamen 50 Euro Gerichtskosten. Ich musste im Knast so lange in der Wäscherei arbeiten, bis ich das Geld zusammen hatte. Aber dass ich den Staat pro Gefängnistag 150 Euro koste, daran denkt anscheinend niemand.

Und so eine Gefängnisstrafe in der Akte macht es einem natürlich auch nicht leichter, wieder Anschluss an die Gesellschaft zu bekommen. Besonders dann nicht, wenn man ihr eh schon so fern ist wie ich.«

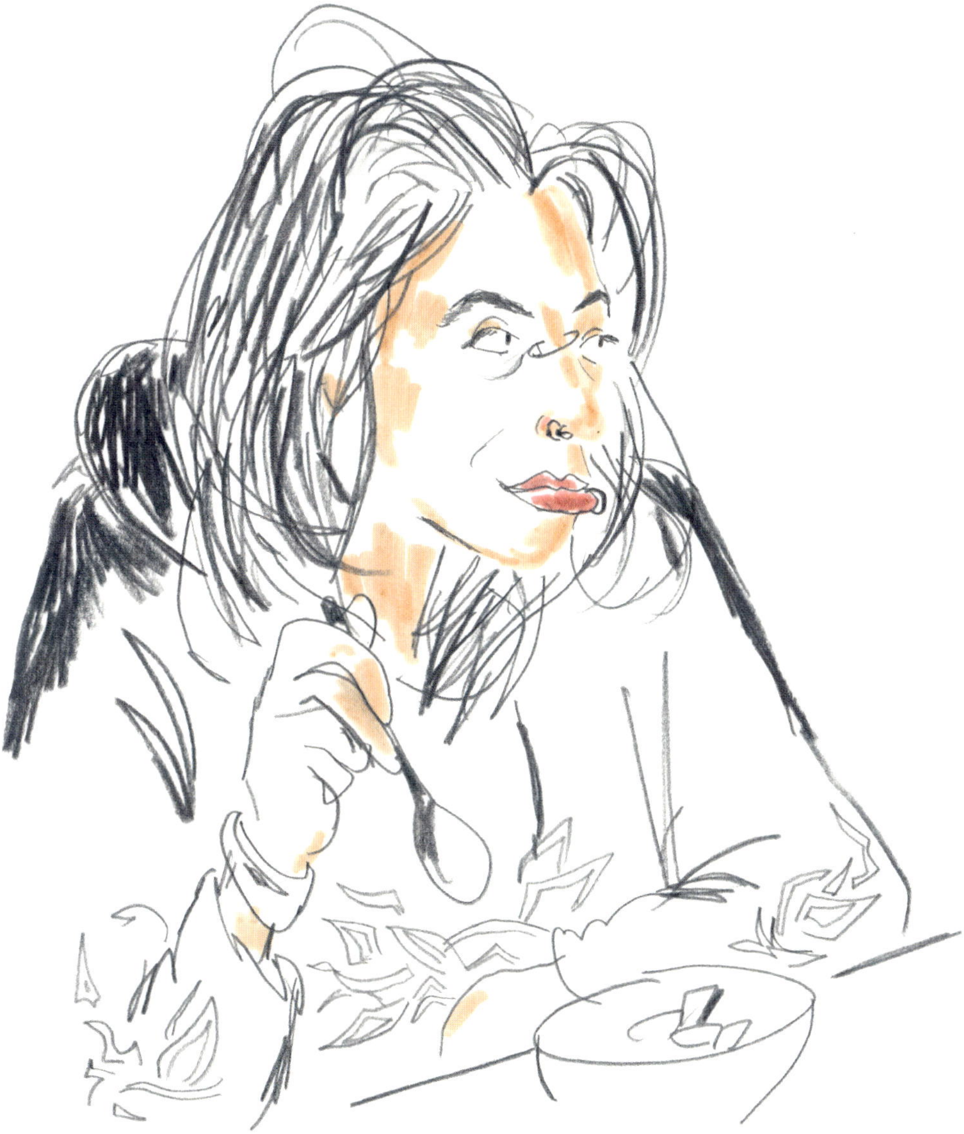

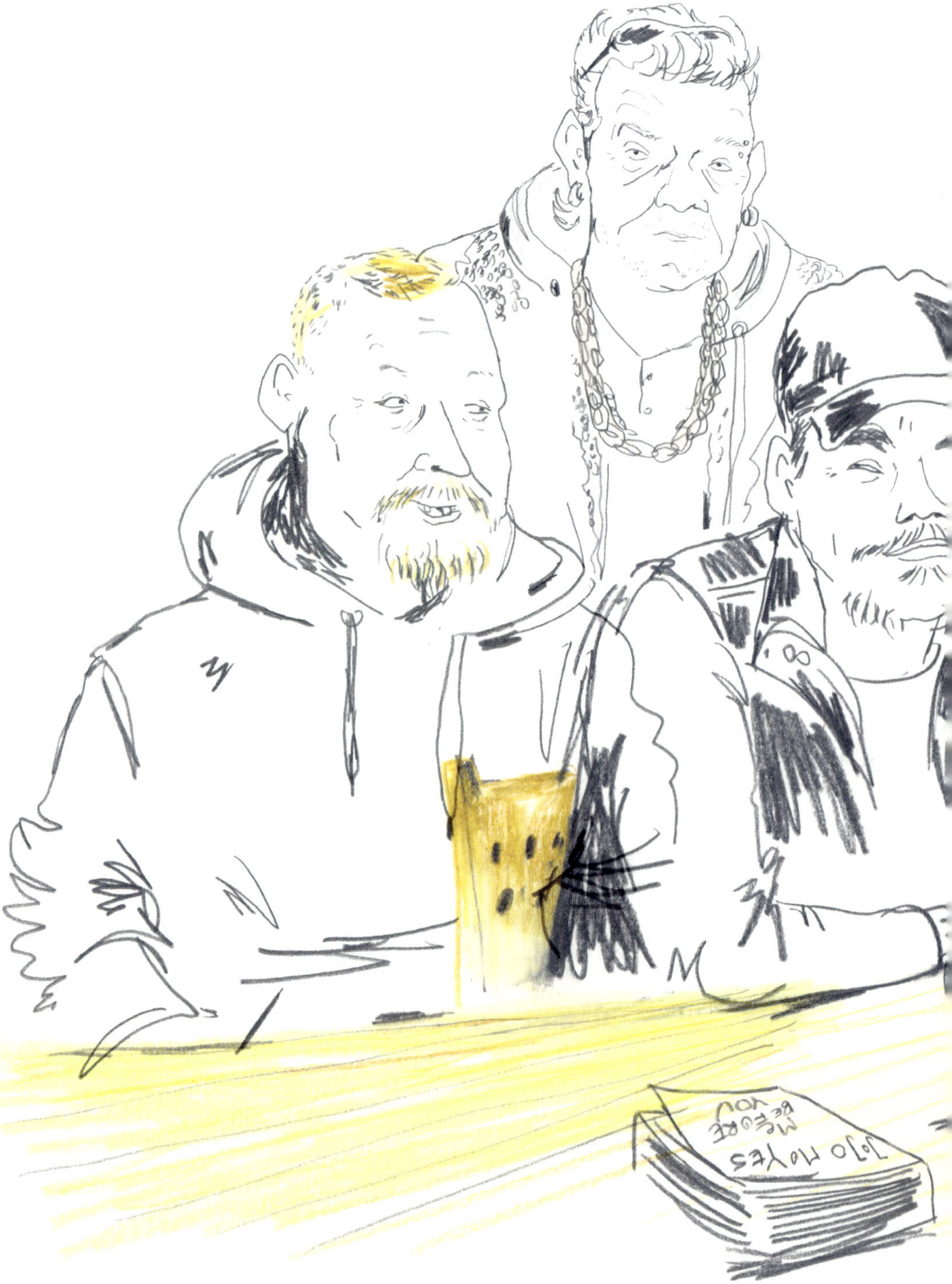
JOJO MOYES
ME BEFORE
YOU

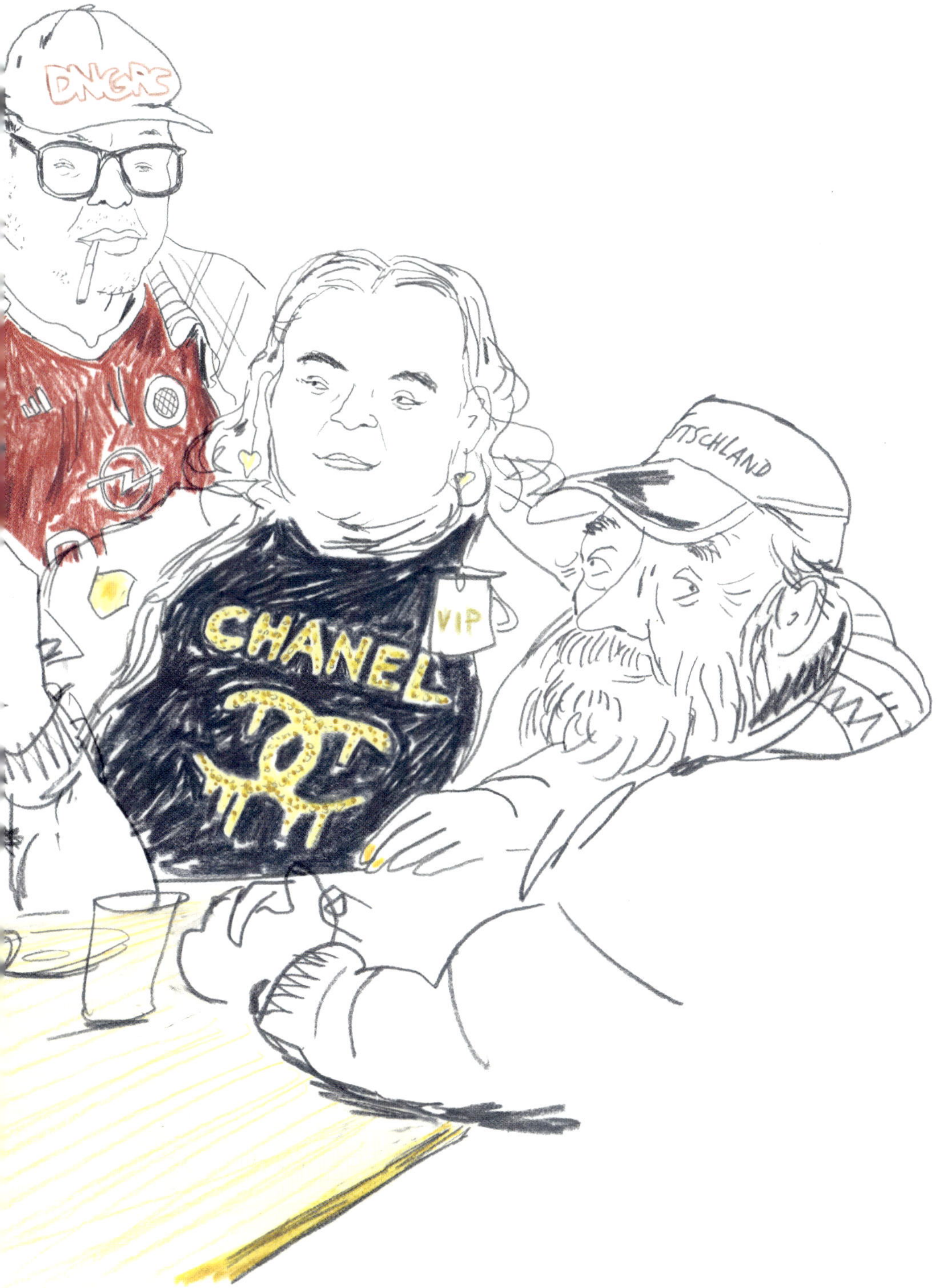
DNGRS
CHANEL
VIP
TSCHLAND

Saso

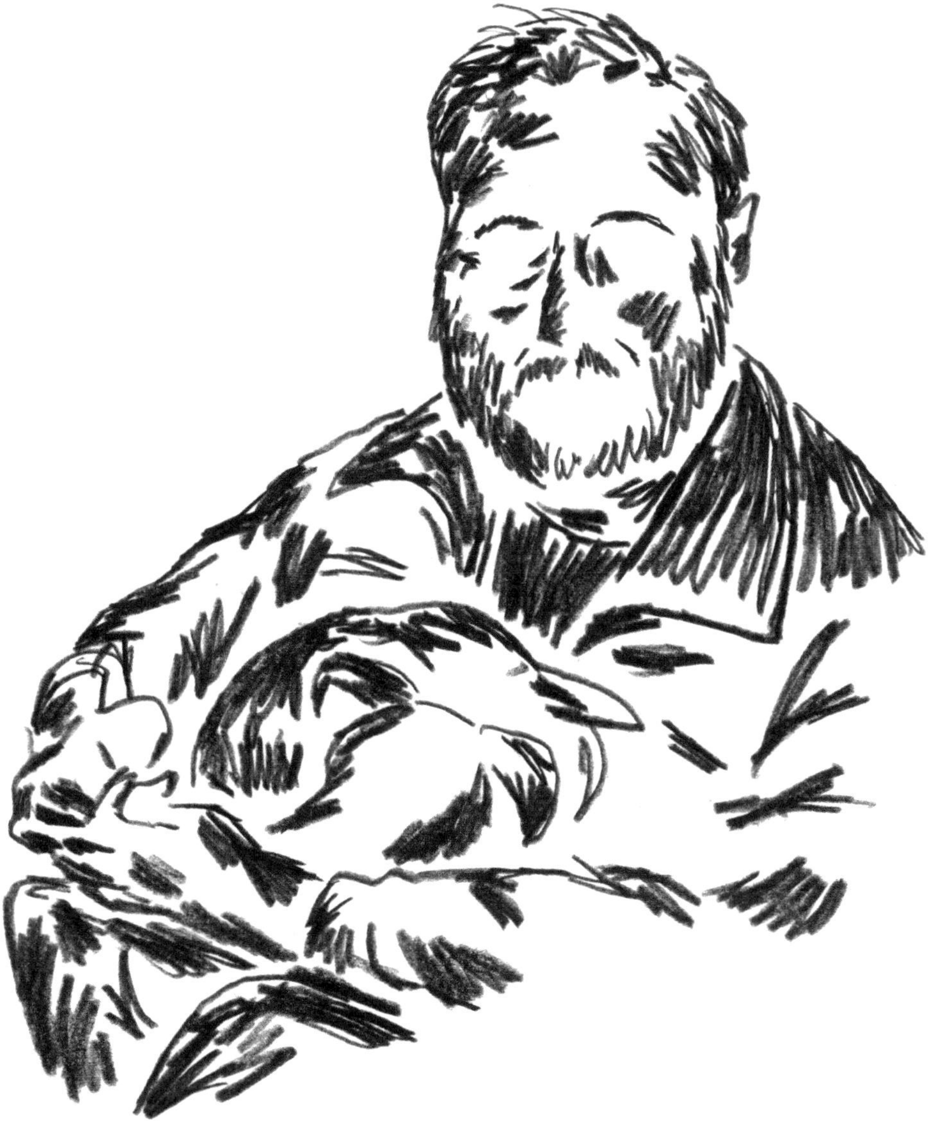

»Ich war Kraftfahrer und bin durch ganz Europa gefahren. 2014 bin ich aus Slowenien nach Berlin gekommen, um bei meiner Halbschwester zu leben. Vor zweieinhalb Jahren hatte ich dann einen Schlaganfall. Drei Monate war ich im Krankenhaus. Ich konnte nicht mehr sprechen und anfangs nichts außer meine Augen bewegen. Meine Beine und meine linke Hand sind bis heute gelähmt. Darum sitze ich im Rollstuhl.

Letztes Jahr hat meine Halbschwester gesagt, dass ich eine zu große Belastung für sie sei. Obwohl sie sich gar nicht wirklich um mich gekümmert hat. Duschen, anziehen, waschen, kochen – alles habe ich selber gemacht. Sie war einfach nur faul. Da habe ich zu Chilly gesagt: *Überall ist das Leben für uns besser als bei ihr.* Seitdem leben wir auf der Straße. Aber im Frühjahr, wenn ich fünf Jahre in Deutschland bin, bekomme ich endlich Sozialleistungen und hoffentlich auch eine eigene Wohnung. In meine Heimat ich will nicht mehr zurück. Dort es gibt keine U-Bahnen, keine Aufzüge, keine Sozialhilfe. Keine Unterstützung für Leute wie mich und meinen Chilly.

Mein Hund Chilly ist mein bester Freund. Und mein Beschützer. Auch wenn er klein ist, niemand traut sich an ihn heran. Es gibt so viele abgestürzte und seltsame Leute hier draußen. Man findet kaum jemanden, auf den man wirklich zählen kann. Und ganz generell gibt es auch nicht viele, die ich an mein Herz lasse. Vielleicht habe ich auch deswegen nie eine Frau gefunden.

Das Leben auf der Straße ist leider meist sehr langweilig. Aber wir müssen es uns so schön machen wie es geht. Andere geben ihr weniges Geld für Wodka aus, wir sparen es für gutes Essen und Sachen, an denen wir Freude haben. Und jeden Morgen, wenn die anderen rausgehen und sich Bier oder Schnaps kaufen, gehen wir zum Bäcker und trinken Cappuccino. Aber nicht aus einem Pappbecher, sondern ... aus einer richtigen Tasse!

... Vielleicht kommst du ja mal mit?«

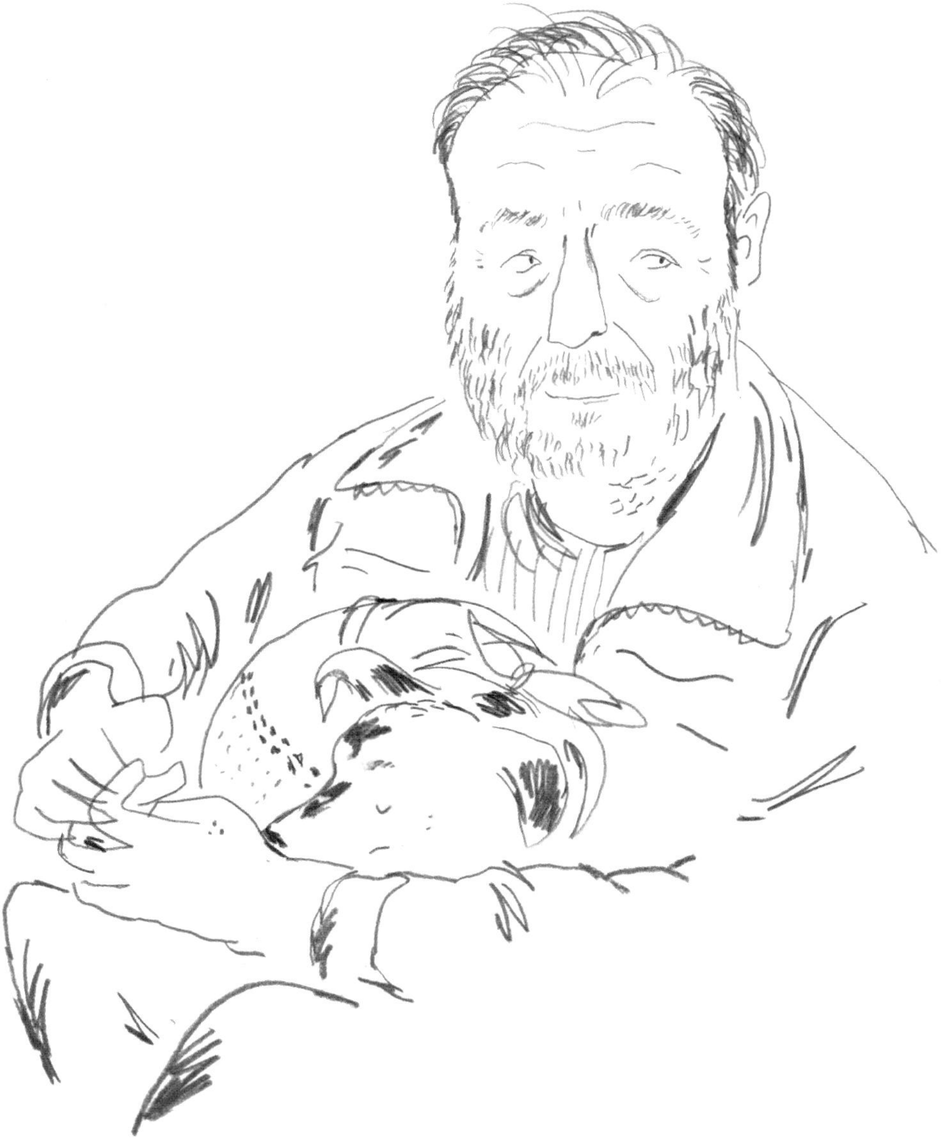

Stefan

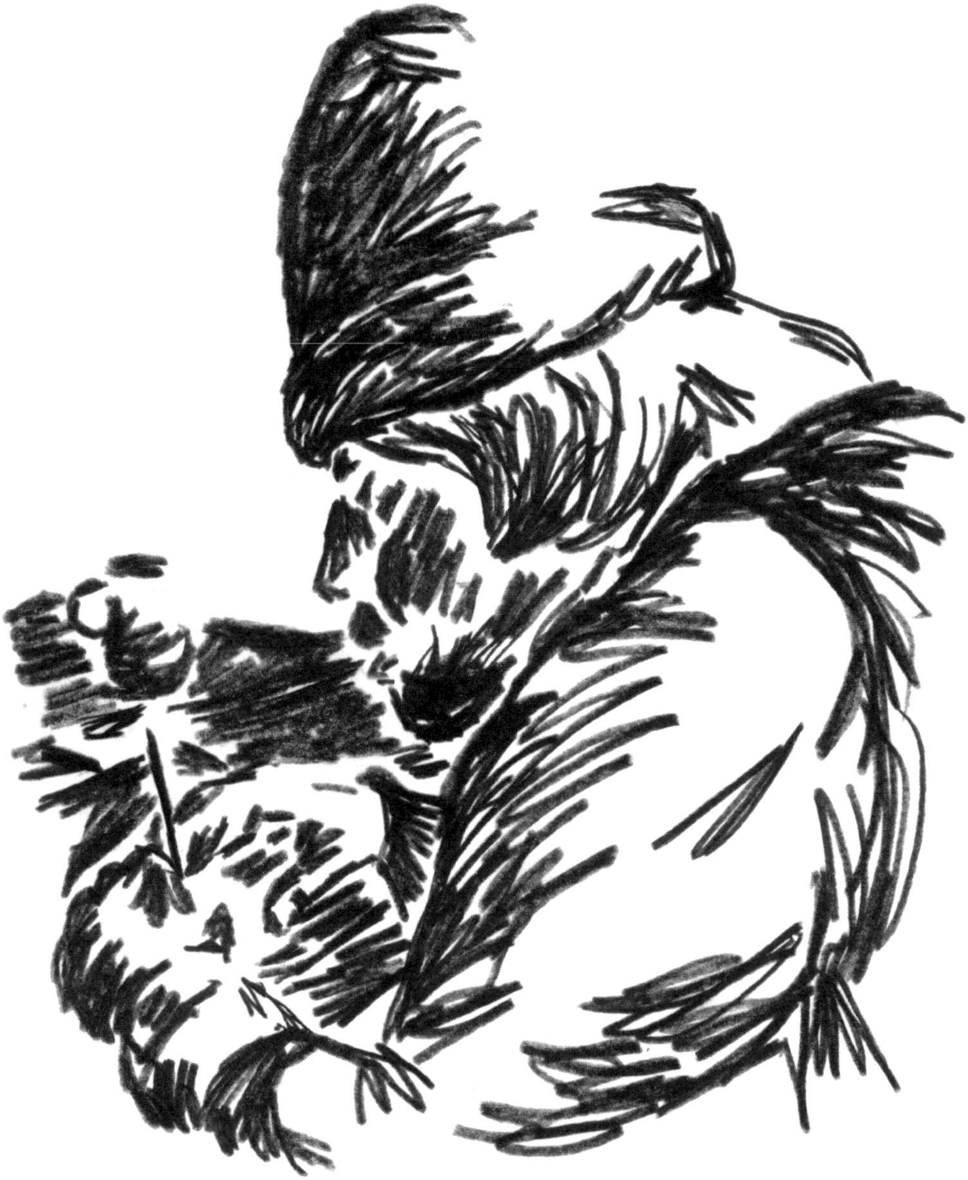

»Eine Arbeit haben und trotzdem obdachlos sein? Sowas gibt es nicht, habe ich gedacht. Bis es mir selbst passiert ist. Ich arbeite als Reinigungskraft in einem Kaufhaus und habe die letzten Jahre in einer WG gelebt. Im Sommer hat der Vermieter Eigenbedarf angemeldet. Und nachdem ich eine Zeit lang vergeblich nach einem neuen WG-Zimmer gesucht habe – es suchen ja alle entweder einen Studenten oder ein hübsches Mädchen, aber ganz bestimmt keinen 52-jährigen Mann! –, da bin ich auf die Straße gezogen.

Zwei Wochen hat es nur gedauert, bis ich mit der Situation zurechtgekommen bin. Wenn es warm ist, ist es ja auch nicht so schwierig. Gepennt habe ich nachts kaum. Immer nur ein, zwei Stunden, oft war es auch nur Sekundenschlaf. Weil ich ja immer aufpassen musste, dass man mir meine Sachen nicht klaut. Aber irgendwann arrangiert man sich mit dem wenigen Schlaf. Der Mensch ist so ein Gewohnheitstier, er kommt irgendwann mit allem zurecht.

Meine größte Angst war, dass ich auf der Straße verblöde. Im Sommer bin ich nach der Arbeit immer in einen Park gegangen und habe mich ein bisschen langgelegt. Wenn es dunkel wurde, habe ich mich in ein Internet-Café gesetzt und die ganze Nacht über Dokumentationen oder Rockkonzerte geschaut. Solange bis ich morgens wieder zur Arbeit musste. Den gesamten Eichmann-Prozess von 1961 in Jerusalem habe ich zum Beispiel gesehen. Alle 140 Prozesstage! Um mich geistig zu fordern und um den Gedanken zu entkommen, die man sich täglich so macht.

Seit Dezember komme ich meist in dieses Zirkuszelt. Das Personal ist sehr freundlich und ich bin froh, dass ich einen warmen und trockenen Platz zum Schlafen habe. Aber es ist auch immer viel Trubel hier. All mein Hab und Gut lasse ich nachts in einem Spind auf der Arbeit. Von meiner Situation weiß nur ein Kollege von mir, sonst habe ich mich keinem anvertraut. Bin eben auch ein Einzelgänger.«

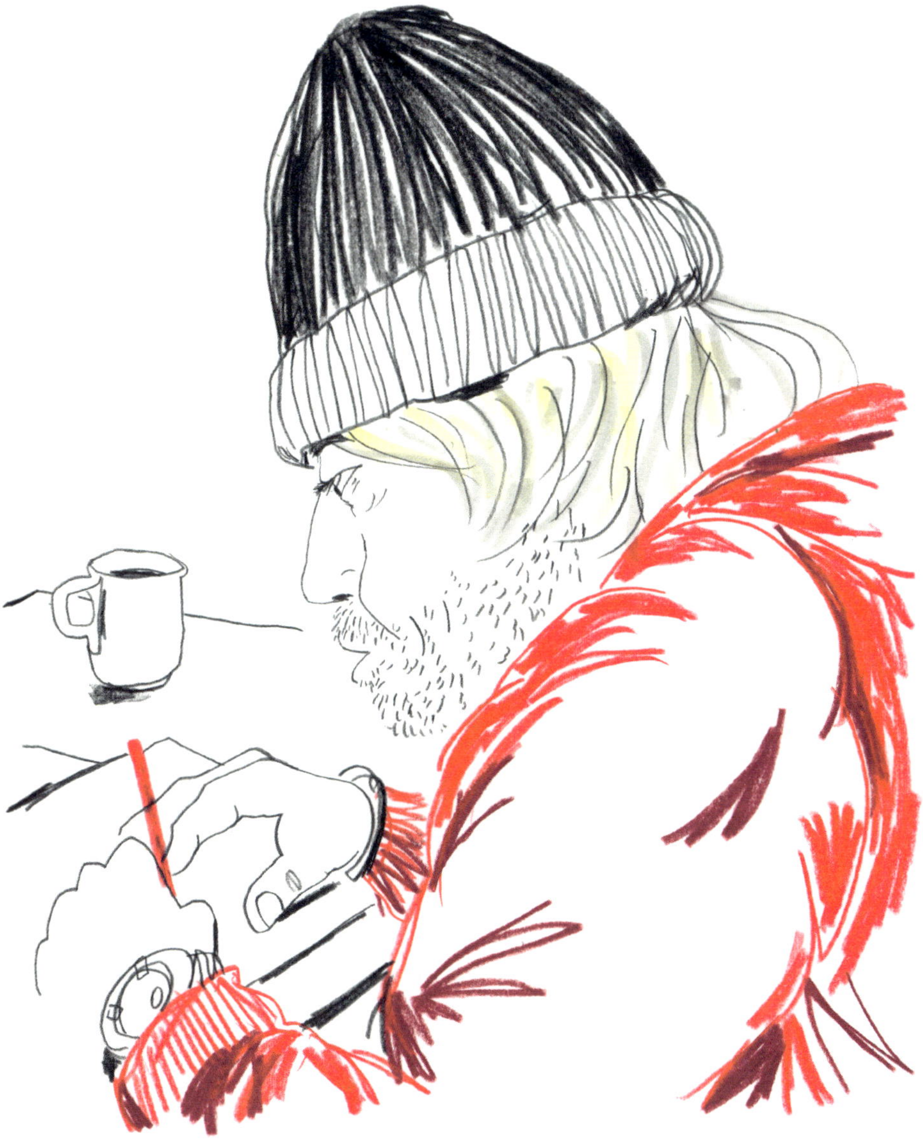

Im Räucherraum

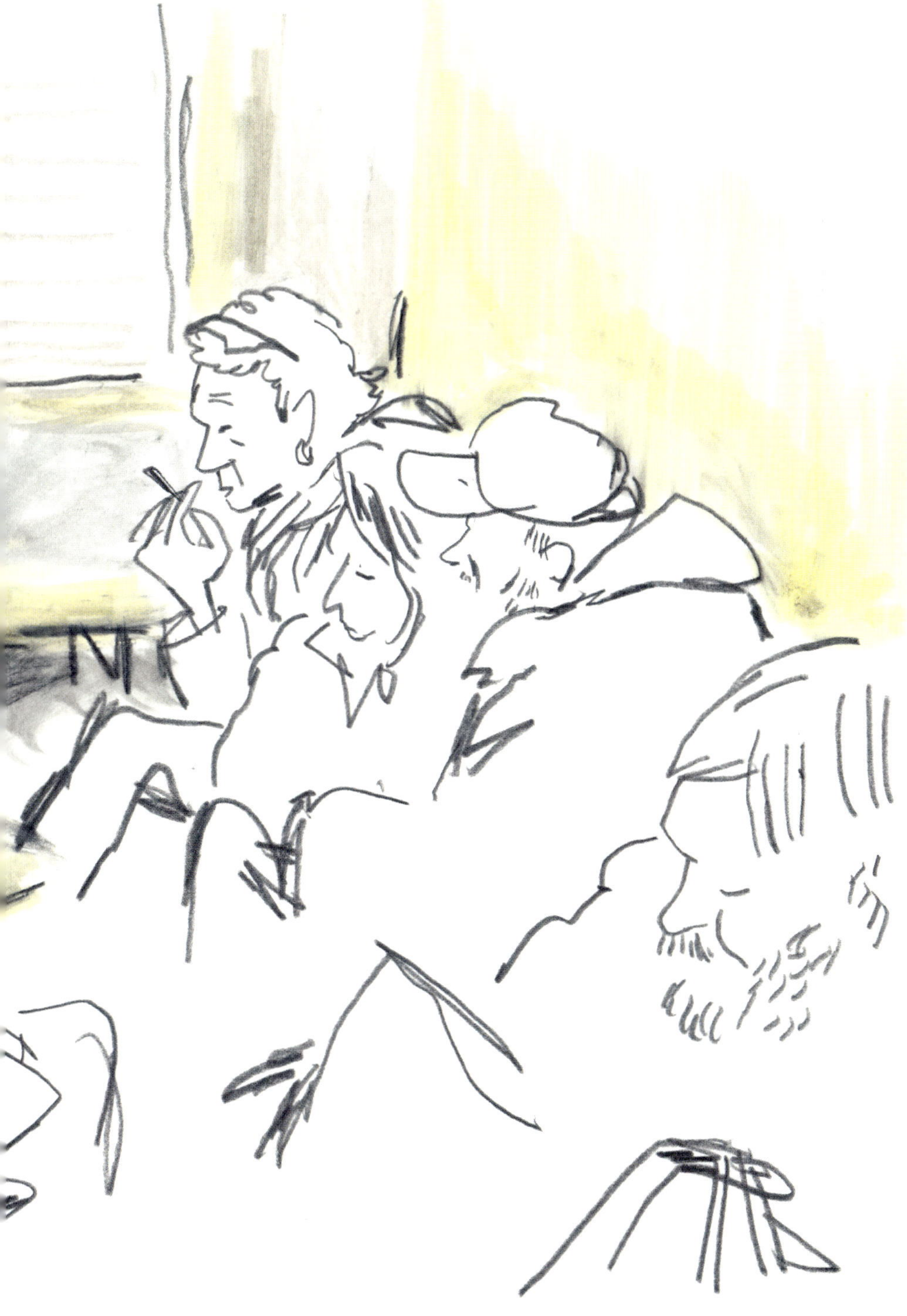

Auf einem Sofa in der Leseecke sitzt ein vor sich hin lächelnder Holländer und liest ein Drei ???-Buch. Er erzählt mir, er sei nur deswegen hier, weil die Niederlande überschwemmt sei. Daneben werfen ein Mann, der sich für Pavarotti hält, und eine junge Sozialarbeiterin einen imaginären Ball hin und her. »Bei manchen gibt es Hoffnung auf Besserung«, sagt sie. »Bei anderen ist das hier, hart ausgedrückt, betreutes Sterben …«

»… und ich bin mittendrin, zwischen all diesen Kranken und Verrückten«, klagt ein Hagerer mit brüchiger Stimme. Ich komme mittlerweile regelmäßig ins Zelt, jede Woche einmal. Bei jedem meiner Besuche fällt er mir auf, wie er apathisch und stumm in einer Ecke sitzt. Nun redet er ohne Unterlass, unentwegt mit seinem Bein wippend. Er fragt mich nach Arbeit, fragt mich nach Kontakten, fragt mich nach einer Wohnung. Es schmerzt mich, dass ich keinerlei Idee habe, wie ich ihm weiterhelfen könnte.

Im Neonlicht des Rauchercontainers kommen sich ein türkisener »I love Berlin«-Pulli und ein Vokuhila in Cowboystiefeln näher. »So viele Herzchen kannst du gar nicht zeichnen wie zwischen denen rumschwirren«, krächzt eine Verschnupfte mit grimmigem Blick, deren faltiges Gesicht sich für einen kurzen Moment zu einem strahlenden Lächeln ausbreitet. Während wir uns unterhalten, klatscht sie sich immer wieder an die Unterschenkel, um die umherfliegenden piekenden Teufelchen zu vertreiben und spuckt mehrmals aus, um das Gift loszuwerden, das sie ihr angeblich einflößen.

»Da ist nichts, das ist alles nur in deinem Kopf«, beruhigt sie ein ==Junge mit pflasterübersäten Armen== und streicht ihr besänftigend über den Rücken. »Sie hat bestimmt irgendwas Schlimmes erlebt«, meint er, nachdem sie gegangen ist. »Aber sie ist echt 'ne Liebe.« Mit glasigen Halbmastaugen sitzt er schwankend vor dem Heizkörper, trinkt Fencheltee (»Gut für den Magen!«) und zündet sich umständlich seine immer wieder erlöschende Zigarette an. Vor mir sitzt ein höchst sympathischer und intelligenter Anfang Zwanzigjähriger, der mir eloquent und reflektiert die Geschichte seines Lebens und seiner Sucht erzählt und dabei immer wieder mitten im Satz einschläft.

>Nachdem ich ihn das vierte Mal wachgerüttelt habe, hat er ein Einsehen. »Komm gut heim, schau mal wieder vorbei«, sagt er und geht mit einem sanften Winken ins Bett.

Jana
(Sozialarbeiterin)

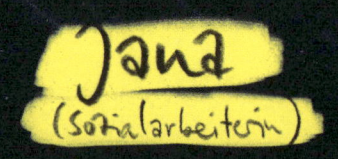

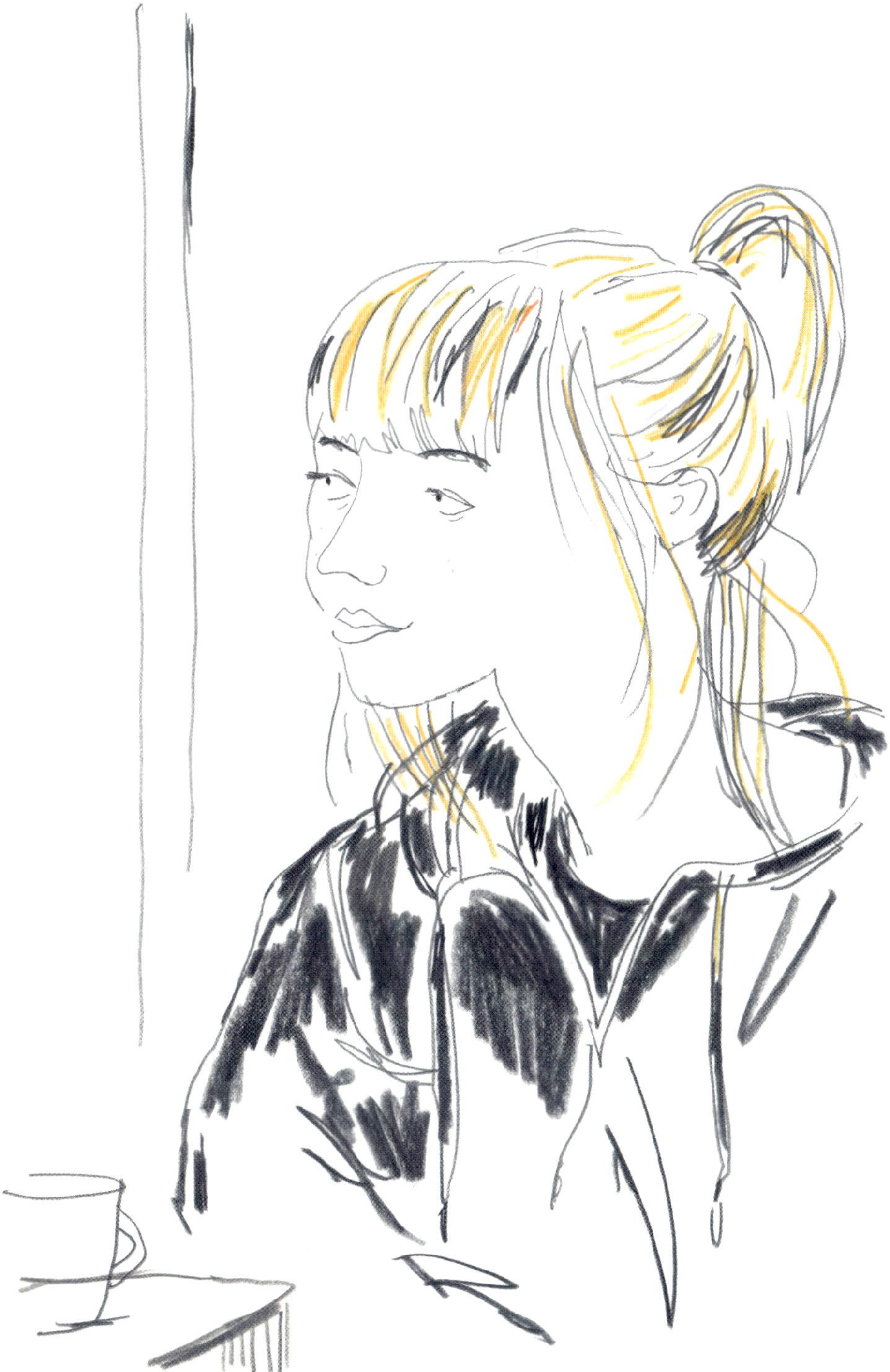

»Jeder hat das Recht auf der Straße zu leben. Und jeder hat das Recht auf der Straße zu sterben. Es gibt nichts Menschenunwürdiges daran, wenn jemand anders leben will, als die Gesellschaft es vorgibt.

Wenn ein Mensch allerdings körperlich oder psychisch so sehr eingeschränkt ist, dass er hilflos ist und sich selbst oder andere gefährdet, dann sollten wir einschreiten und einen Koffer an Hilfsmöglichkeiten und Unterstützung mitbringen.

Das Hilfesystem in Berlin ist gut, jedoch teilweise schwer zu erreichen. Ich arbeite unter anderem mit *nicht wartezimmertauglichen*. Menschen, die es aus unterschiedlichen Gründen nicht aushalten, drei Stunden in einer Behörde zu sitzen. Die eine Wartenummer ziehen und sie nach einer Minute nicht mehr finden. Die auf dem Weg zum Amt dreimal die Orientierung verlieren und am Ende vergessen, wo sie eigentlich hinwollten. Darum gibt es bei uns in der Notübernachtung Sozialberatung ohne Voranmeldung, Wartezimmer oder -nummer. Wenn es Menschen trotz Anstrengungen jahrelang nicht schaffen, ins System zu gelangen, dann sollten wir anfangen, das System zu ihnen zu bringen.

Wenn Menschen ernsthaft einen Weg aus der Obdachlosigkeit suchen, helfe ich. Ich arbeite aber auch mit Leuten, die Beklemmungen bekommen, wenn sie in geschlossenen Räumen sind. Die sich so an ihre Situation gewöhnt haben, dass sie nicht mehr runterwollen von der Straße. Wenn jemand so fühlt, sollte man das akzeptieren oder Wohnformen erfinden, in denen sich diese Menschen wohlfühlen. Als Sozialarbeiterin muss man kreativ sein.

Oftmals hilft es aber schon, den Menschen einfach mal zuzuhören. Mir ist wichtig, ihnen zu zeigen, dass sie nicht egal sind. Dass sich jemand für sie interessiert. Obdachlose sind extrem ausgegrenzt aus unserer Gesellschaft. Wenn man sich aber mit ihnen beschäftigt, merkt man, dass ihr Zusammenleben genauso funktioniert, wie in allen anderen Schichten auch. Auch hier gibt es Hierarchien – es gibt solche, die sich stärker fühlen und solche, die unterdrückt werden. Die Leute beklauen und beleidigen sich oder betrügen sich gegenseitig mit ihren Partnerinnen und Partnern. Genau wie in der Elite.

Täglich all die unterschiedlichen Schicksale zu erleben, erdet. Jeder hat eben seine ganz eigene Geschichte, wie er oder sie auf der Straße gelandet ist. Viele legen sich diese Geschichte aber natürlich auch zurecht und erfinden ihre eigene Wahrheit. Einiges stimmt, einiges wird dazu gedichtet, anderes unter den Tisch fallen gelassen. Und dann wird das Ganze so lange wiederholt, bis es selbst geglaubt wird. Das muss man im Kopf behalten, wenn man sich mit den Menschen hier beschäftigt.

Tatsächlich sind es oft harte Schicksalsschläge oder psychische Erkrankungen, die in die Obdachlosigkeit führen. Aber das allein reicht nicht. Klar, es gibt es Fälle von unrechtmäßigem Wohnraumverlust und anderen Ungerechtigkeiten. Aber meist wird man dann nicht von heute auf morgen obdachlos. Überleg mal, durch wie viele Stufen deines Umfeldes du fallen müsstest, bis dir das passieren würde. Die meisten Obdachlosen haben Verhaltensmuster, mit denen sie in ihrem Umfeld angeeckt und weswegen sie letztlich aus dem System geflogen sind. Diese Muster setzen sich auf der Straße weiter fort. Sie zu durchbrechen ist schwierig …

Hier in der Notübernachtung haben wir jeden Abend ein neu zusammengewürfeltes Team von Ehren- und Hauptamtlichen, die mit viel Herzblut dabei sind. Klar, dass dabei nicht immer alles einwandfrei funktioniert. Und dass es Reibereien gibt, wenn so viele Menschen mit unterschiedlichsten Hintergründen und Problemen aufeinandertreffen. Viele unserer Gäste bräuchten eindringlichere Unterstützung oder Eins-zu-Eins-Betreuung. Dafür fehlt es aber an qualifiziertem Personal.

Meine Schicht hier geht bis Mitternacht. Danach arbeite ich noch im Kältebus und versuche, Leute auf der Straße dazu zu animieren, mit uns in eine der Notunterkünfte zu fahren. Viele wollen das aber nicht. Weil sie dort so früh aufstehen müssen und untereinander so viel geklaut wird. Und, das ist der Hauptgrund, weil dort absolutes Alkohol- und Drogenverbot herrscht. Meiner Meinung nach müsste es Unterkünfte geben, in denen die Gäste konsumieren dürfen.

Diesen Ansatz mit der gängigen Politik zu vereinbaren, ist aber heikel. Darum gilt es, die Leute weiter für das Thema Obdachlosigkeit zu sensibilisieren. Und da gibt es noch viel zu tun.«

Yari

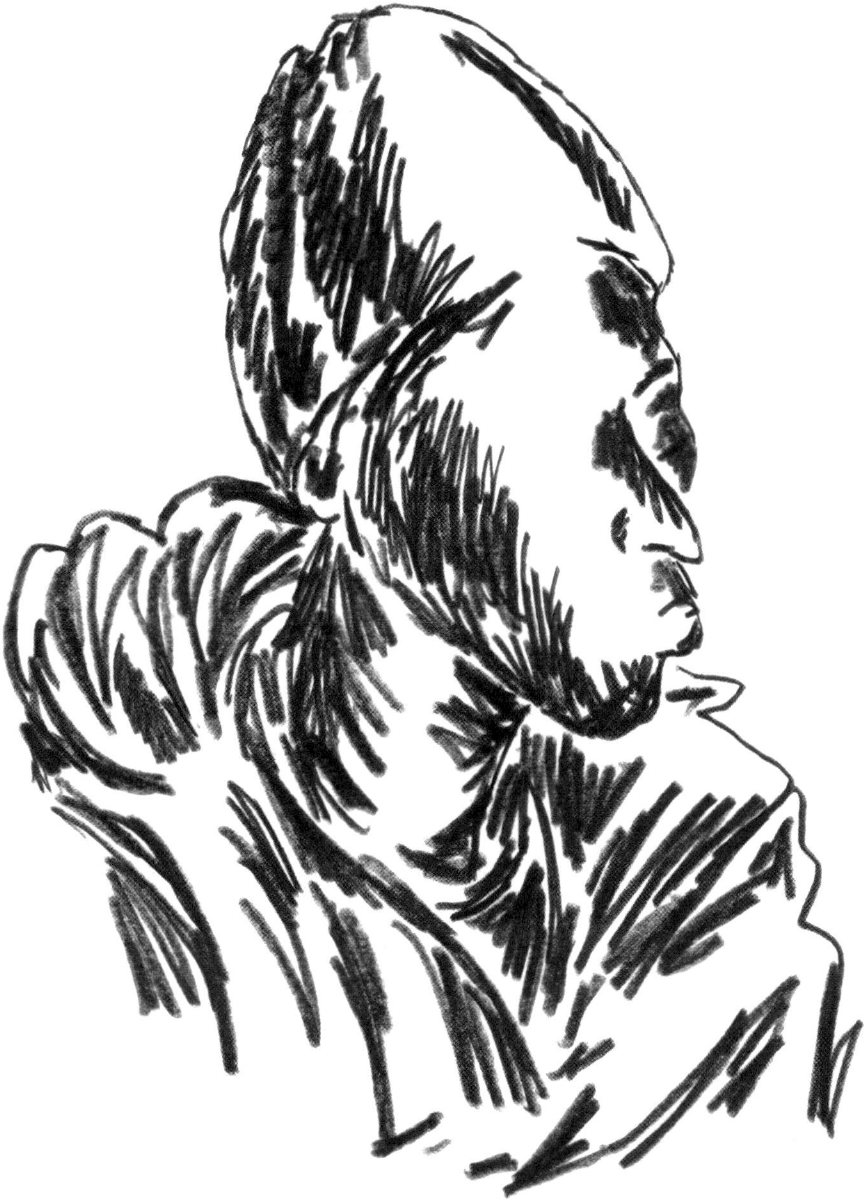

»Ich will nicht immer laufen. Vor 16 Jahren bin ich von Tunesien nach Europa gekommen. Ich bin abgehauen von meinem Onkel, der mich misshandelt hat. Ich war in der Schweiz, in Frankreich, Italien, Belgien, Luxemburg und Österreich. Ich spreche sechs Sprachen, habe als Koch, Übersetzer, Friseur und auf Baustellen gearbeitet. Aber überall, wo ich war, wurde ich wieder weggeschickt. Jetzt bin ich in Berlin. Jeden Tag laufe ich umher, lese, lerne, verbessere mein Deutsch, informiere mich, recherchiere im Internet, versuche Leute kennenzulernen ... aber nichts passiert. Kein Aufenthaltsrecht, keine Arbeit, keine Wohnung.

Wenn dich die Leute mit deinen ganzen Sachen auf der Straße sehen, mit deinem Rucksack und deinen Taschen, dann denken sie sofort, dass du ein schlechter Mensch bist. Sie denken, du seist ein Junkie. Aber ich nehme keine Drogen, ich trinke nicht mal Alkohol. Ich möchte, dass mein Kopf klar ist. Ich möchte so bleiben wie ich gelernt habe, ein guter Mensch zu sein.

Ich habe viele Träume und Ziele gehabt. Aber weißt Du, wenn du immer nur läufst und läufst und alles gibst, aber jeder sagt dir immer nur *Nein! Nein! Nein!* ... dann ist es irgendwann schwierig. Ich bin sehr positiv, ich lache sehr viel. Und wenn ich lache, dann lache ich richtig. Ich lache mit dem Herzen. Aber irgendwann verlierst du deine Hoffnung, deine Kraft, deine Energie. Du verlierst dein Lachen, du verlierst deine Träume. Und dann siehst du aus wie ich jetzt. Wie ein Opa.

Klar, es gibt auch schöne Momente. Aber die schönen Momente machen mich traurig. Weil ich weiß, dass sie nur von kurzer Dauer sind und ich gleich wieder weg muss. Ich will nicht immer laufen.«

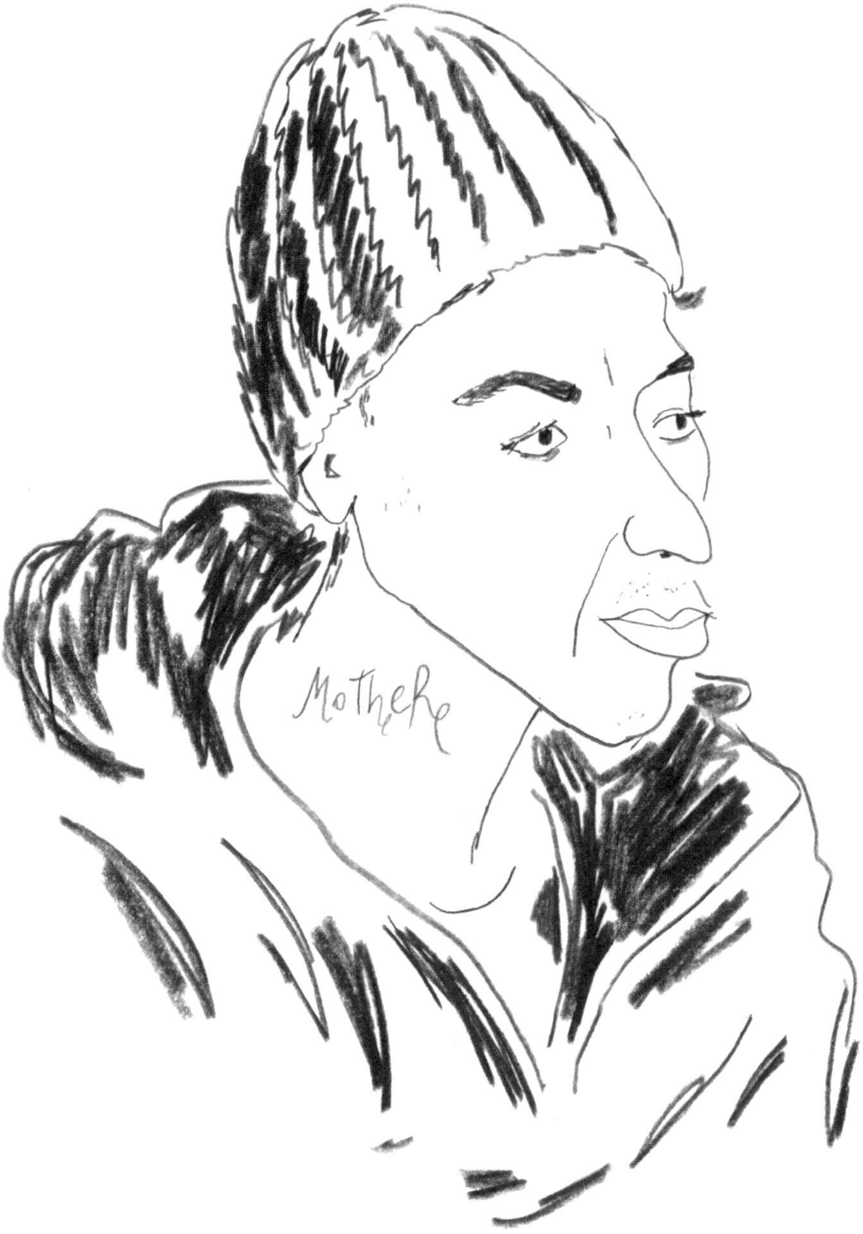
Mothere

Marie

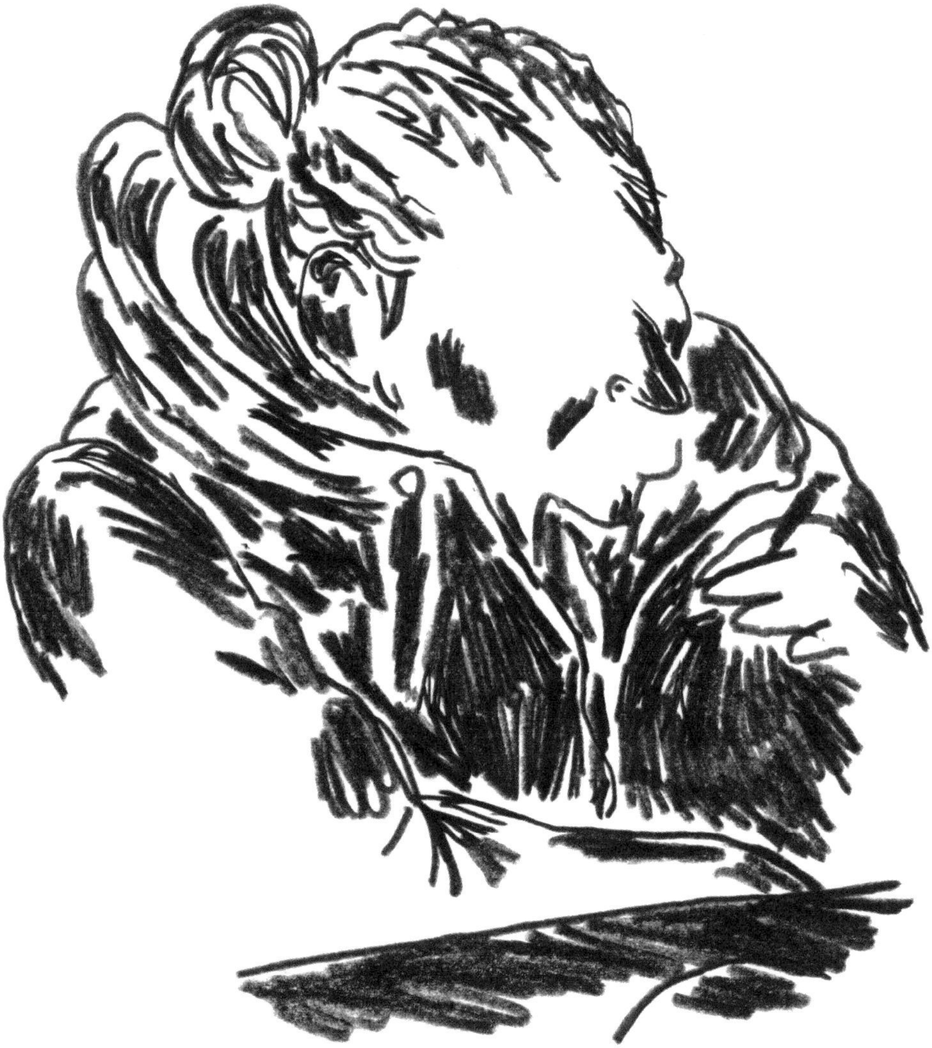

»Die Außerirdischen haben meine Kinder geklont. Die echten haben sie verschwinden lassen. Die schwirren jetzt umher, als Teufelchen und Engelchen. Und die Geklonten laufen draußen herum. Ich habe mich sogar mit denen unterhalten! Die sehen haargenau gleich aus, nur etwas schüchterner sind sie. Ich habe das bei der Polizei gemeldet, aber die haben gemeint, ich sei psychisch krank und haben mich in die Klapse geschickt. Aber ich bin da nicht hin. Ich bin hierher, ins Raumschiff. Weil die stecken natürlich unter einer Decke, die Polizei und die Außerirdischen.

Bockwurstgesicht! Du Bockwurstgesicht!, haben sie zu mir gesagt, die Polizisten. Aber warum? Ich sehe doch cool aus. Wie Arnold Schwarzenegger sehe ich aus, sagt mein Mann. Wie Arnold Schwarzenegger, haargenau!

Der kommt gleich, mein Mann. Alter, der ist Filmproduzent und macht Action-Filme, … glaub ich. Der hat mich gesehen und bringt mich ganz groß raus. Weil ich so geil schauspielern kann. Mein Mann, der hat schon mit richtigen Stars zusammengearbeitet. Mit Til Schweiger und Tony Montana zum Beispiel. Der war letztens in der Großbeerenstraße, der Tony Montana. Der hat da rumgeballert mit seinem Maschinengewehr. Den würde ich gern mal richtig kennenlernen, den Tony Montana. Obwohl der glaub ich auch Außerirdischer ist. Den würde ich gern mal als coolen Kontakt in meinem Handy abspeichern. So wie dich. Bist du nicht auch Filmproduzent? Ey, du siehst aus, als wärst du Filmproduzent!«

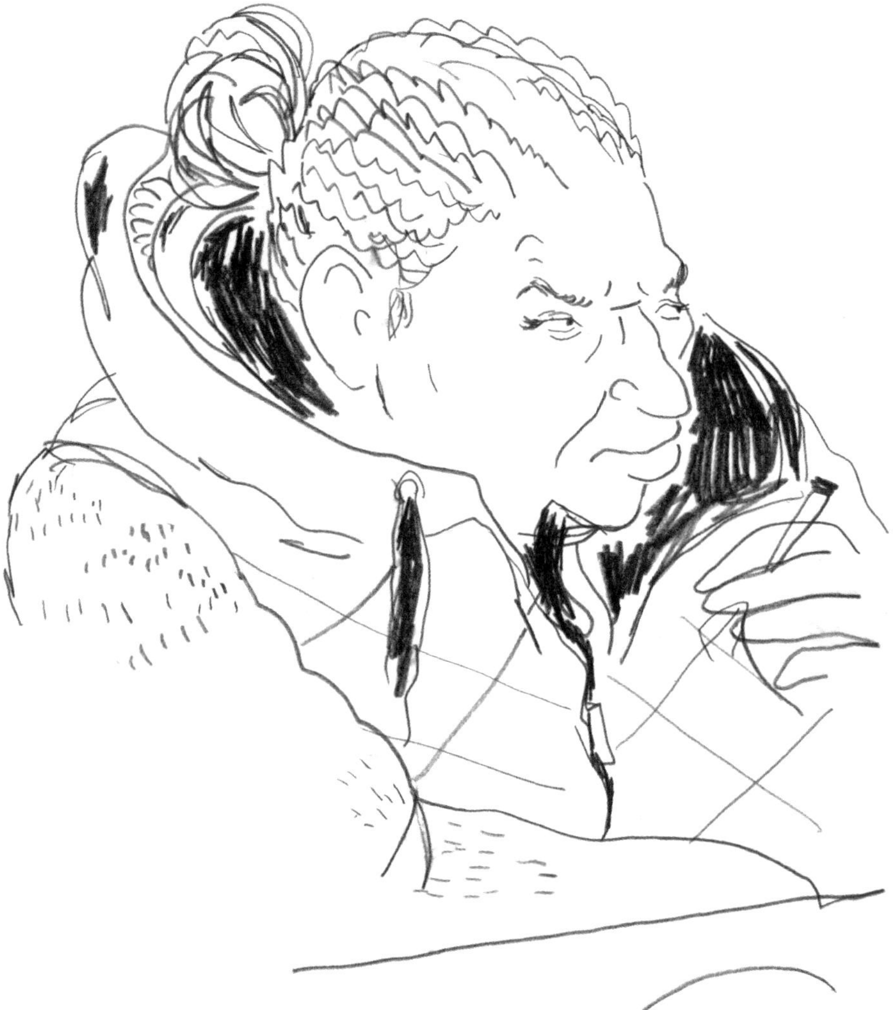

Jonas

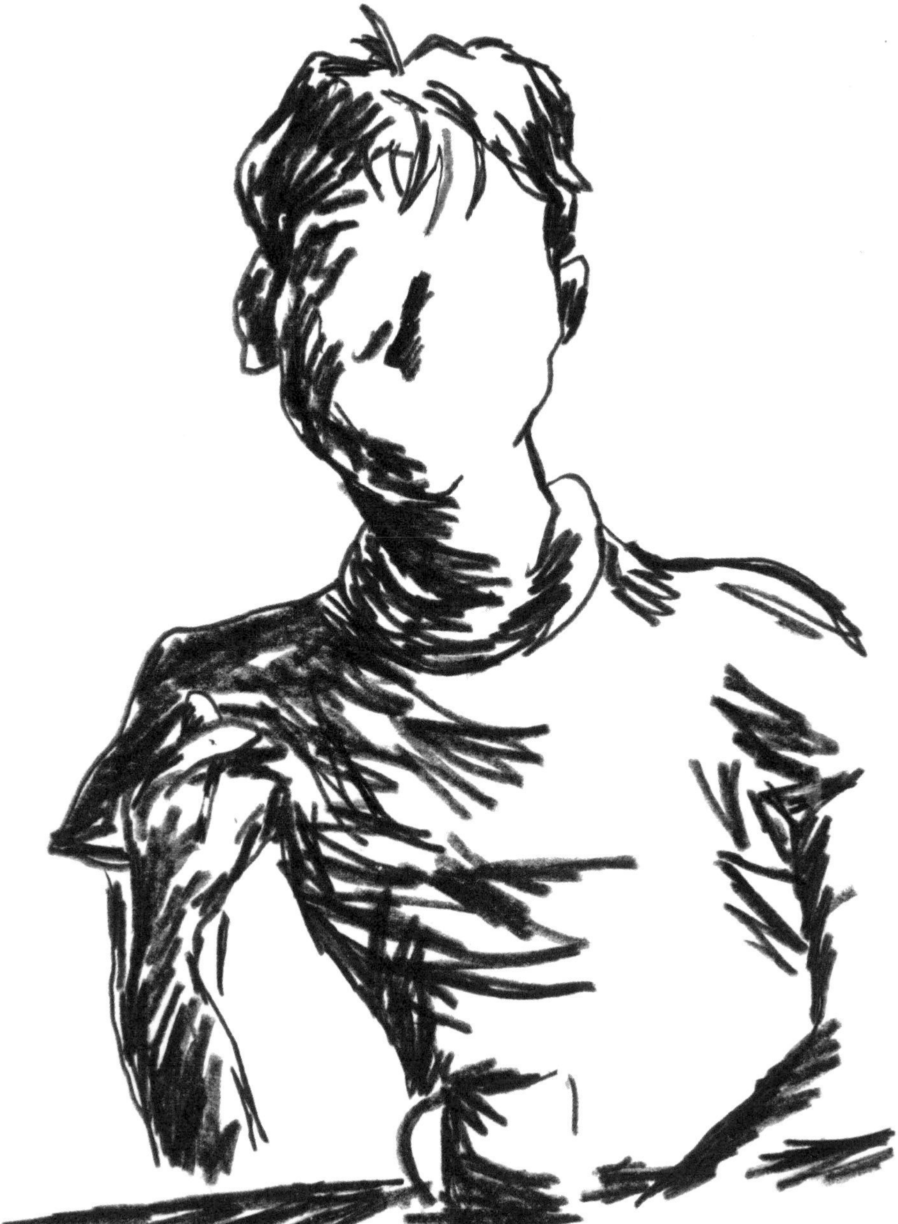

»Heroin ist das Schönste, was es gibt. Und gleichzeitig das Schlimmste. Man hat sie ja immer, diese Träume im Leben, diese Wünsche und Ziele. Heroin ist so mächtig, dass es dir alles erfüllt. Auf einen Schlag. Und somit beraubt es dich gleichzeitig all dieser Träume. Denn was soll danach noch kommen?

Ich kann mich gar nicht mehr daran erinnern wie ich ohne Heroin war. Mich gibt es eigentlich gar nicht ohne diese Droge. Ich bin süchtig seit ich 15 bin. Meine Mutter hat sich nie um mich gekümmert. Ich bin bei meinem Vater aufgewachsen, der all sein Geld für Kokain und Alkohol ausgegeben hat. Ich habe alles dafür getan, so selten wie möglich zu Hause zu sein. War immer draußen auf der Straße. Und dort bin auch ich sehr schnell mit Drogen in Berührung gekommen. Heroin hat meine Pubertät geprägt. In der Zeit, in der sich meine Persönlichkeit entwickelt hat und ich zum Mann geworden bin, war es immer an meiner Seite. Es ist mit mir verwachsen.

Durch die Sucht verliert man jegliche Kontrolle und Sozialkompatibilität. Und sein Selbstbewusstsein. Man kriegt keinen geregelten Tagesablauf mehr hin und die einfachsten Dinge, die bei allen anderen so leicht aussehen, fallen einem so unendlich schwer.

Wie ich mein Geld für das ganze Heroin zusammenbekomme? Das fragt mich jeder. Ich nehme dann und wann ein eingeschweißtes iPad aus dem Laden mit und verticke das. Ich klaue Fahrräder oder einzelne Teile und baue sie neu zusammen. Solche Sachen eben. Du glaubst nicht, wie es sich anfühlt, wenn der Körper diese Droge haben will. Wie wenn man von innen her verbrennt. Es ist fast ein bisschen gruselig, was man da auf einmal für eine Energie und Kreativität entwickeln kann …

Aber ein paar Träume habe ich doch noch. Eine Substitution machen, zum Beispiel. Damit ich nicht den ganzen Tag damit beschäftigt bin, dem Zeug hinterher zu rennen, das mich eigentlich kaputt macht. Irgendwann würde ich dann gerne Chemielaborant werden. Und eine eigene Wohnung haben, einfach eine eigene Wohnung.«

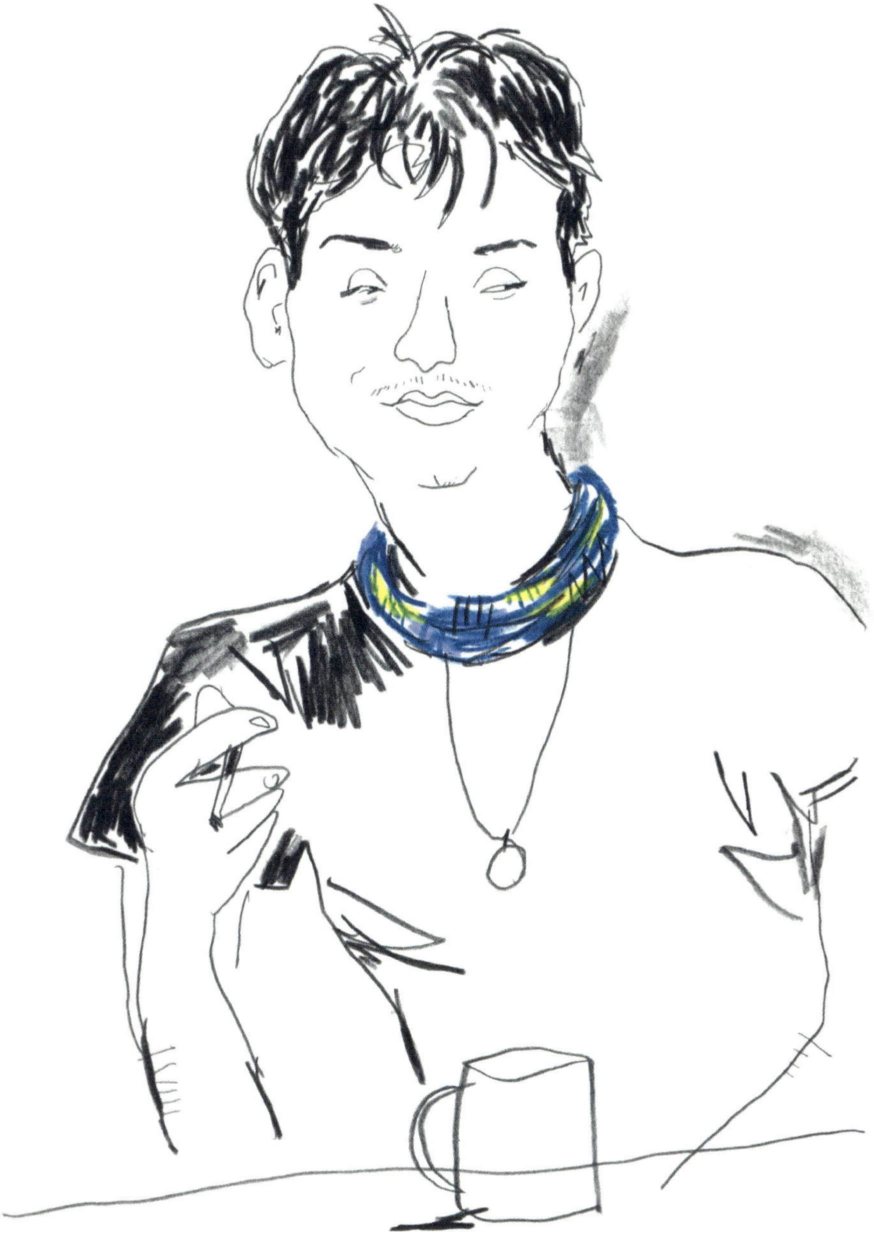

Einige Minuten noch verharre ich allein im Container. Ich habe während meiner Zeit bei den Obdachlosen viel Bewegendes und Trauriges gehört und gesehen. Ein innerer Schutz hatte dafür gesorgt, dass ich diese Geschichten nicht zu sehr an mich heranließ, sie nicht mitnahm in den Schlaf. Nach meiner Begegnung mit Jonas merke ich wie dieser Schutz zu bröckeln beginnt.

Ich denke zurück an meine behütete Kindheit, an die Liebe meiner Eltern und an all das, was sie mir ermöglicht haben. An meine Freunde, an das Glück, das ich immer hatte und das für mich oft so selbstverständlich scheint. Dann lasse ich mir vom Wachmann die Tür aufsperren und er entlässt mich hinaus in die Nacht.

Ein paar verirrte Schneeflocken wehen mir ins Gesicht und schmelzen auf meinen noch warmen Wangen. Wie automatisch spanne ich meine Schultern wieder an. Ich stapfe los, doch nach ein paar Schritten drehe ich mich nochmal um. Die weiße Kuppel schimmert im Mondscheinlicht. Futuristisch sieht sie aus, tatsächlich fast ein wenig wie ein Raumschiff, denke ich und erinnere mich an Maries Worte von vorher.

Dann schiebe ich mir die Mütze tief ins Gesicht und mache mich endgültig auf den Weg. Nach Hause, in meine Wohnung, in mein Bett, mit den drei Decken.

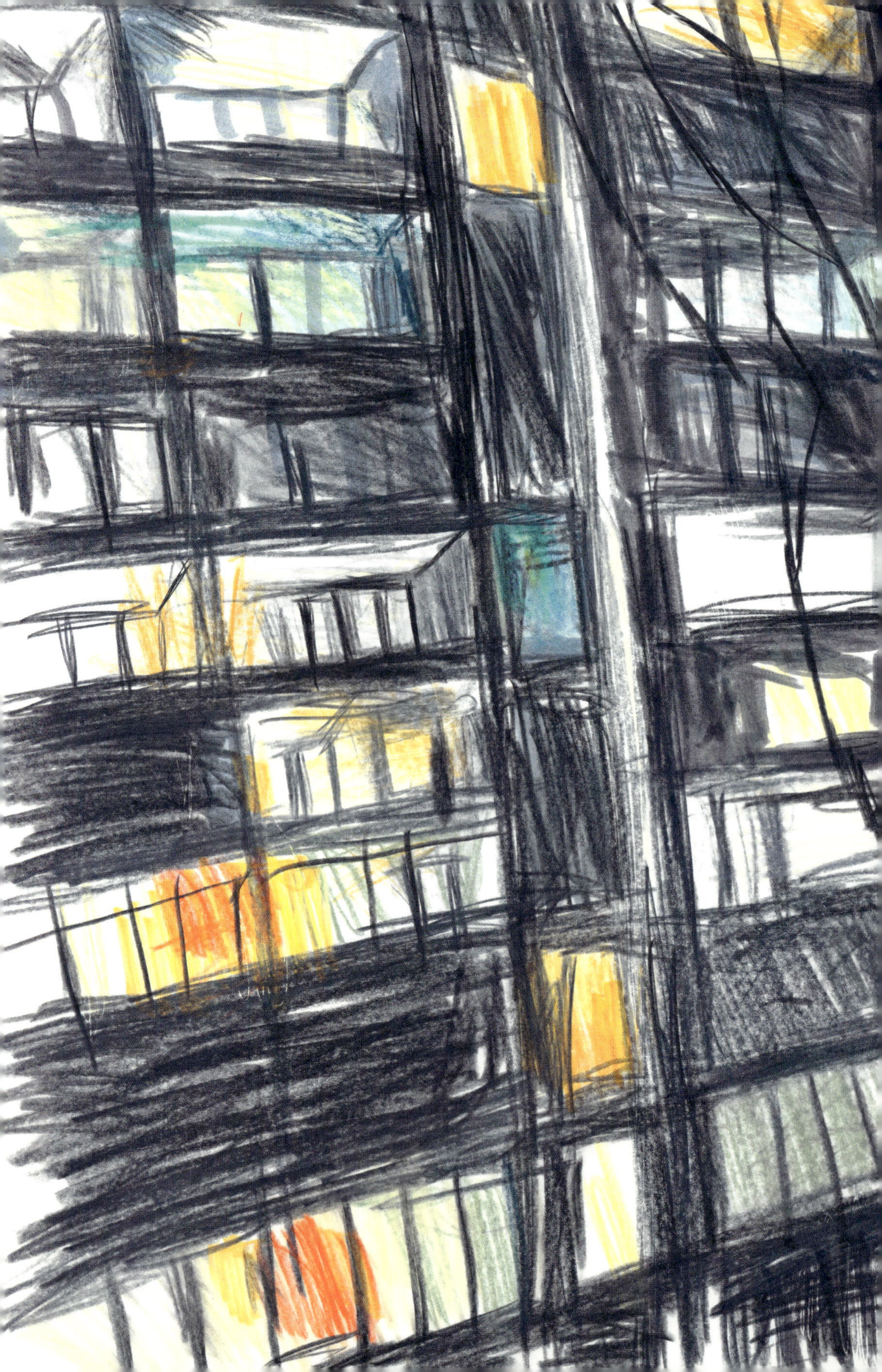

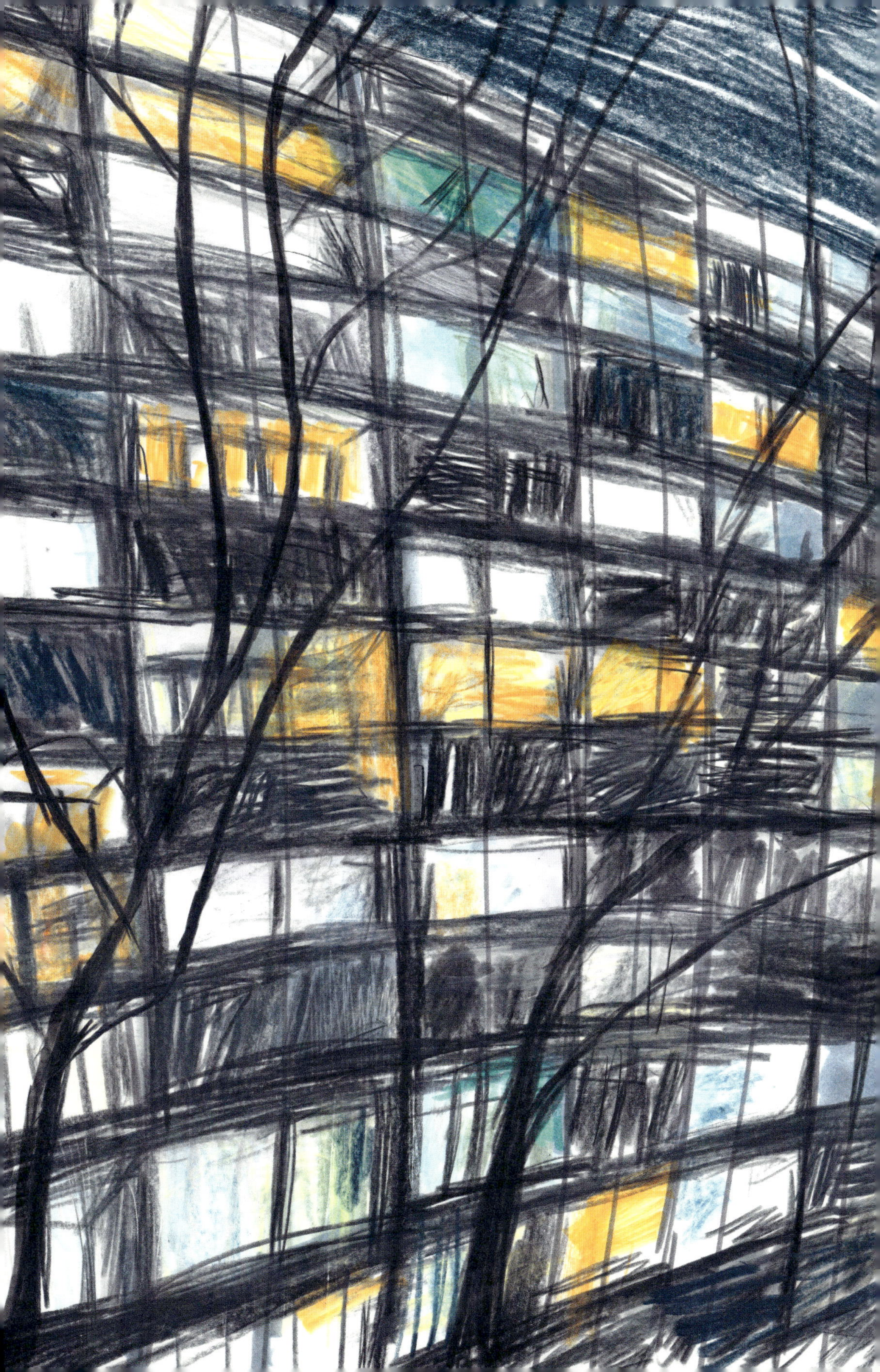

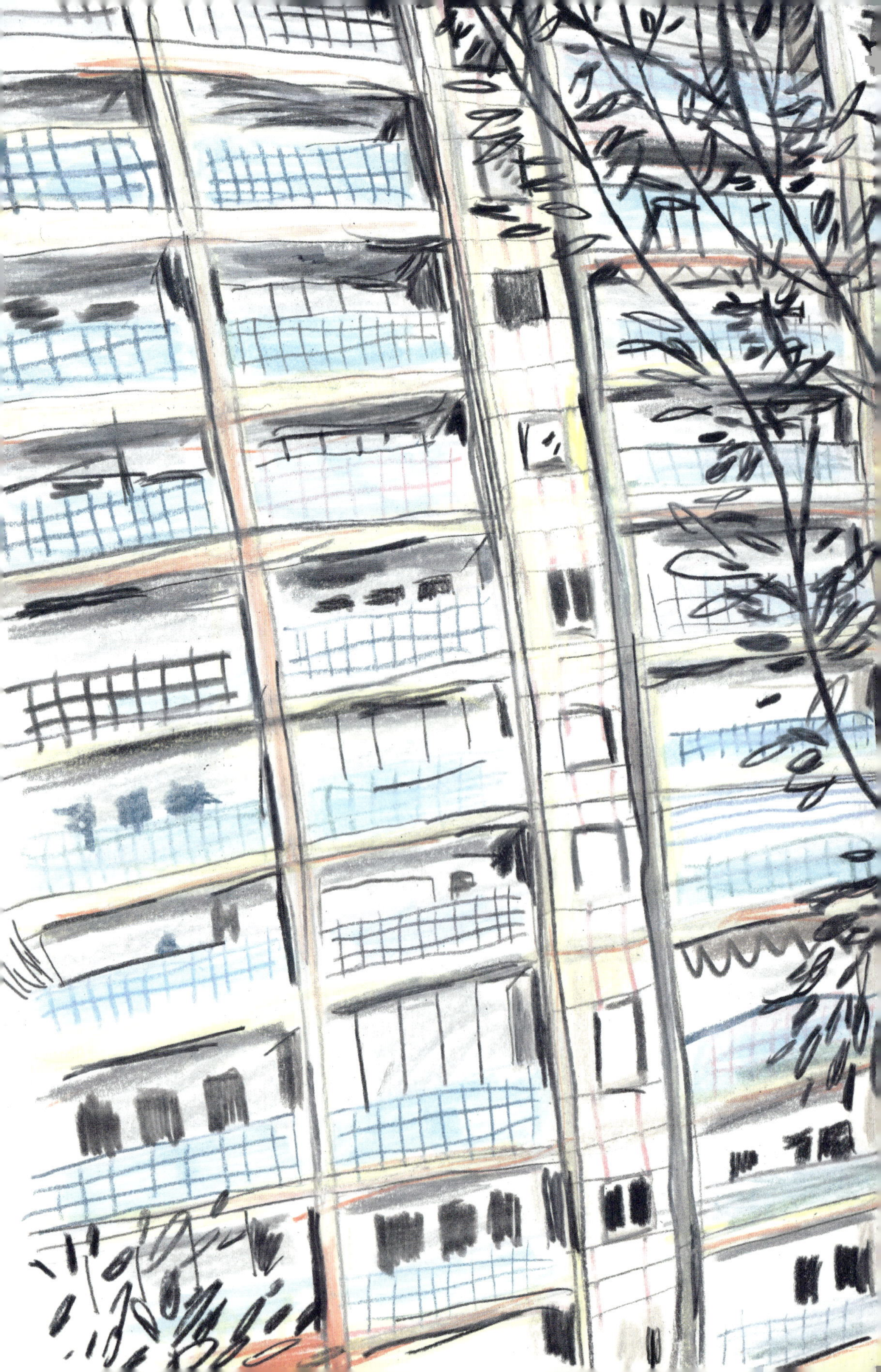

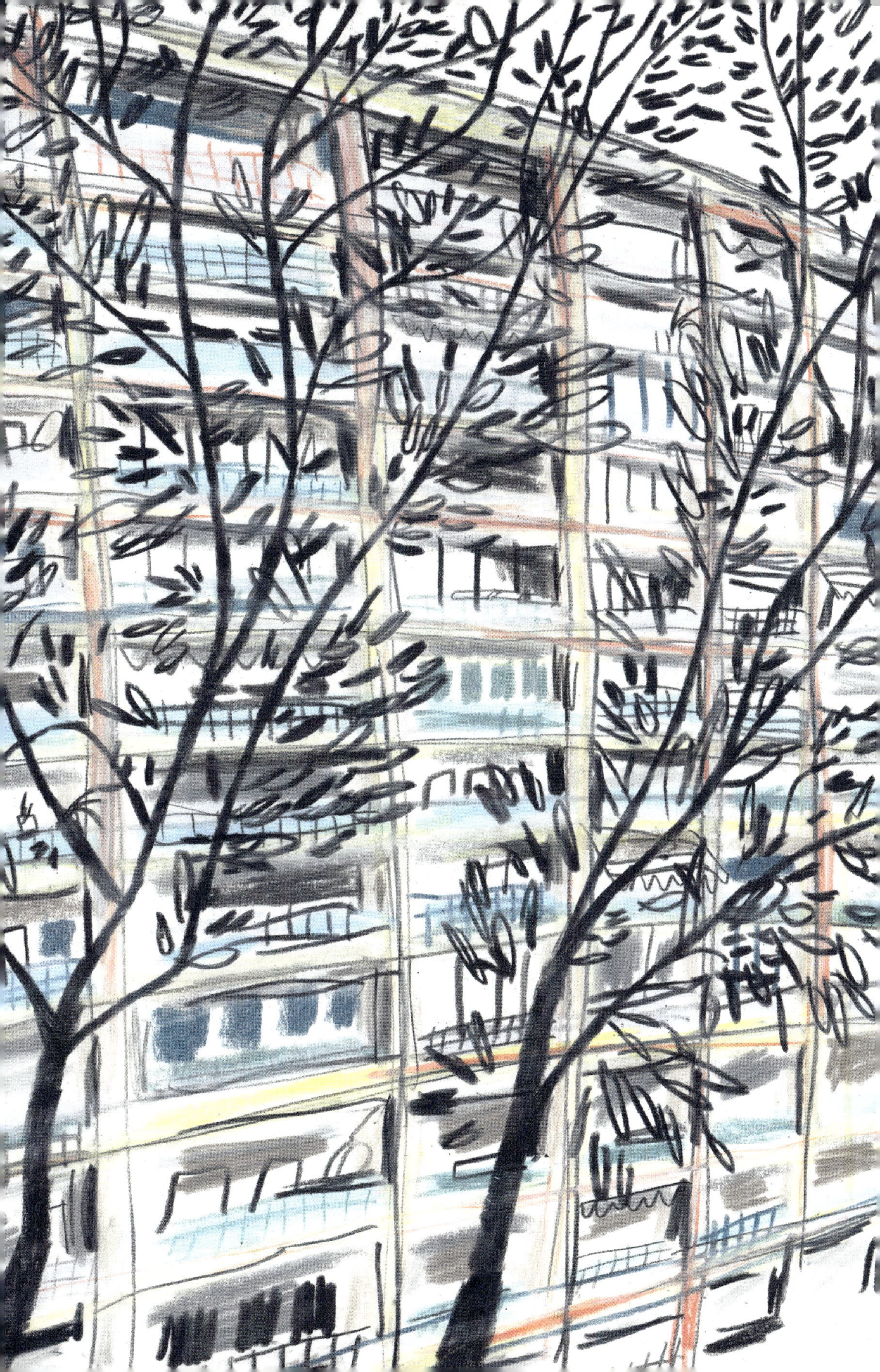

4 Frühling

Es ist Ende April. Die Luft riecht nach Flieder und es ist die erste Nacht des Jahres, in der ich meine dünne Sommerjacke tragen kann. Die Erinnerungen an die wilden, rauen Winternächte hallen durch die nun menschenleere Unterführung, als ich zum ersten Mal nach Wochen zum Kältebahnhof zurückkehre. Ein kleiner Haufen Verbliebener nun lehnt an bunten Kacheln, unter freier Luft am Bahnhofseingang.

»Er nu' wieder«, begrüßt mich Jensen und blickt kurz von seinem Erich Kästner-Buch auf. In zwei Wochen wird es so warm sein, dass er sein Zelt in einem Wald außerhalb Berlins aufschlagen kann oder genug Geld beisammen hat, um seine Freunde in Düsseldorf zu besuchen. Andi versucht seit einiger Zeit mit sichtlichem Erfolg einen Alkohol-Selbstentzug. War es ihm im Winter noch schwergefallen, sich überhaupt von seinem Lager zu erheben, so schafft er es jetzt wieder, die ein oder andere Stunde täglich Pfandflaschen sammeln und Magazine verkaufen zu gehen. Fritz hat in ein paar Tagen einen OP-Termin für seinen Rücken, danach darf er für sechs Wochen in einem Wohnheim schlafen. Er freut sich auf ein ordentliches Bett, auf die Ruhe. Was danach wird, »weiß der Mann im Mond«. Alle anderen hat es in verschiedene Richtungen verstreut, wohin, wissen die wenigsten.

> Die Streetworker stehen ausgelassen quatschend, rauchend, Bier trinkend und Teewurstbrote verteilend in einer Runde mit anderen Bewohnern des Bahnhofs. Ihr Vertrag mit der Kältehilfe endet in ein paar Tagen und da wolle man eben noch ein paar nette letzte Abende zusammen verbringen. »Schließlich haben wir ja so einiges gemeinsam erlebt, den ganzen langen Winter über!«, lachen sie und knuffen sich freundschaftlich in die Rippen.

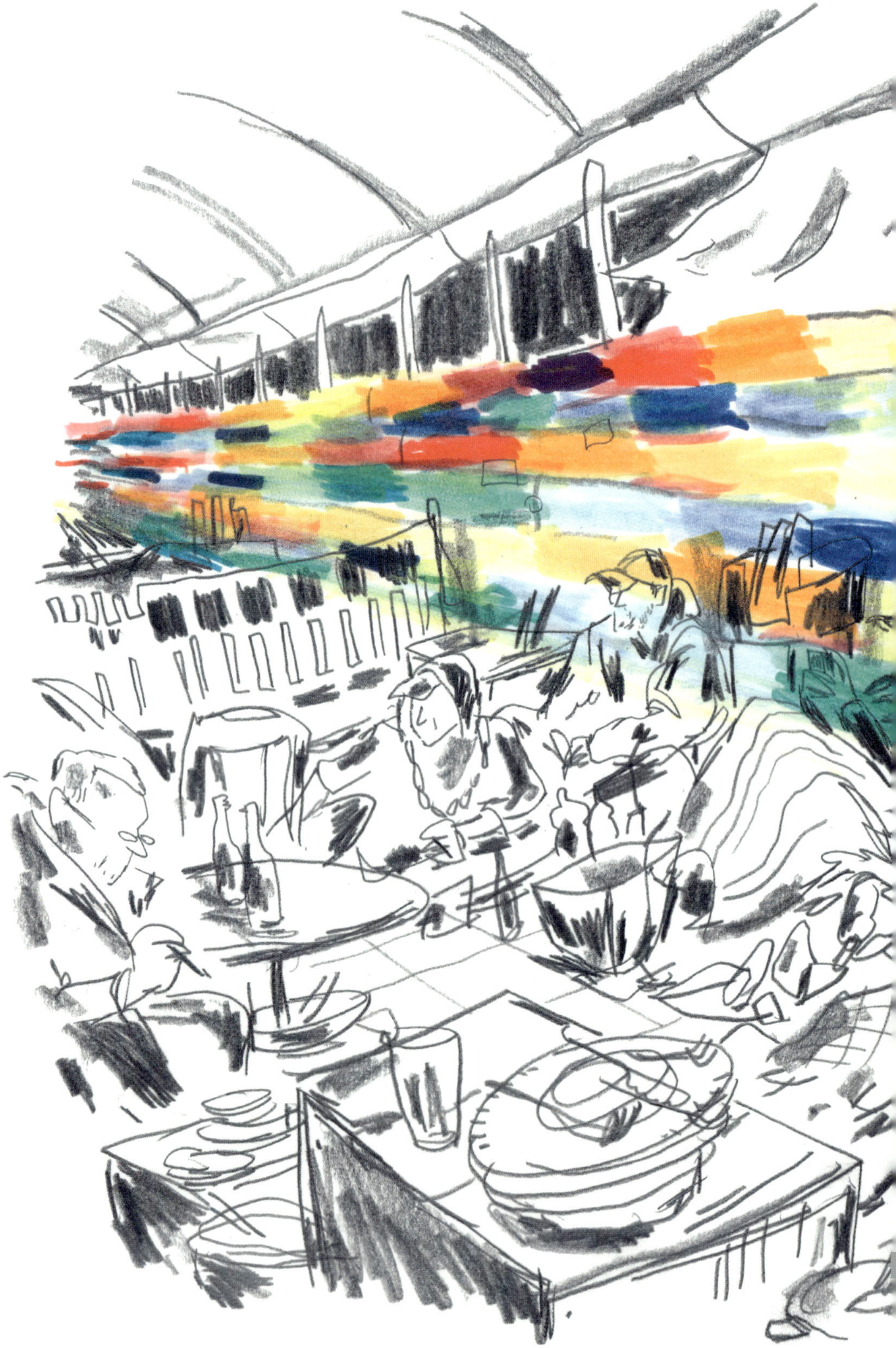

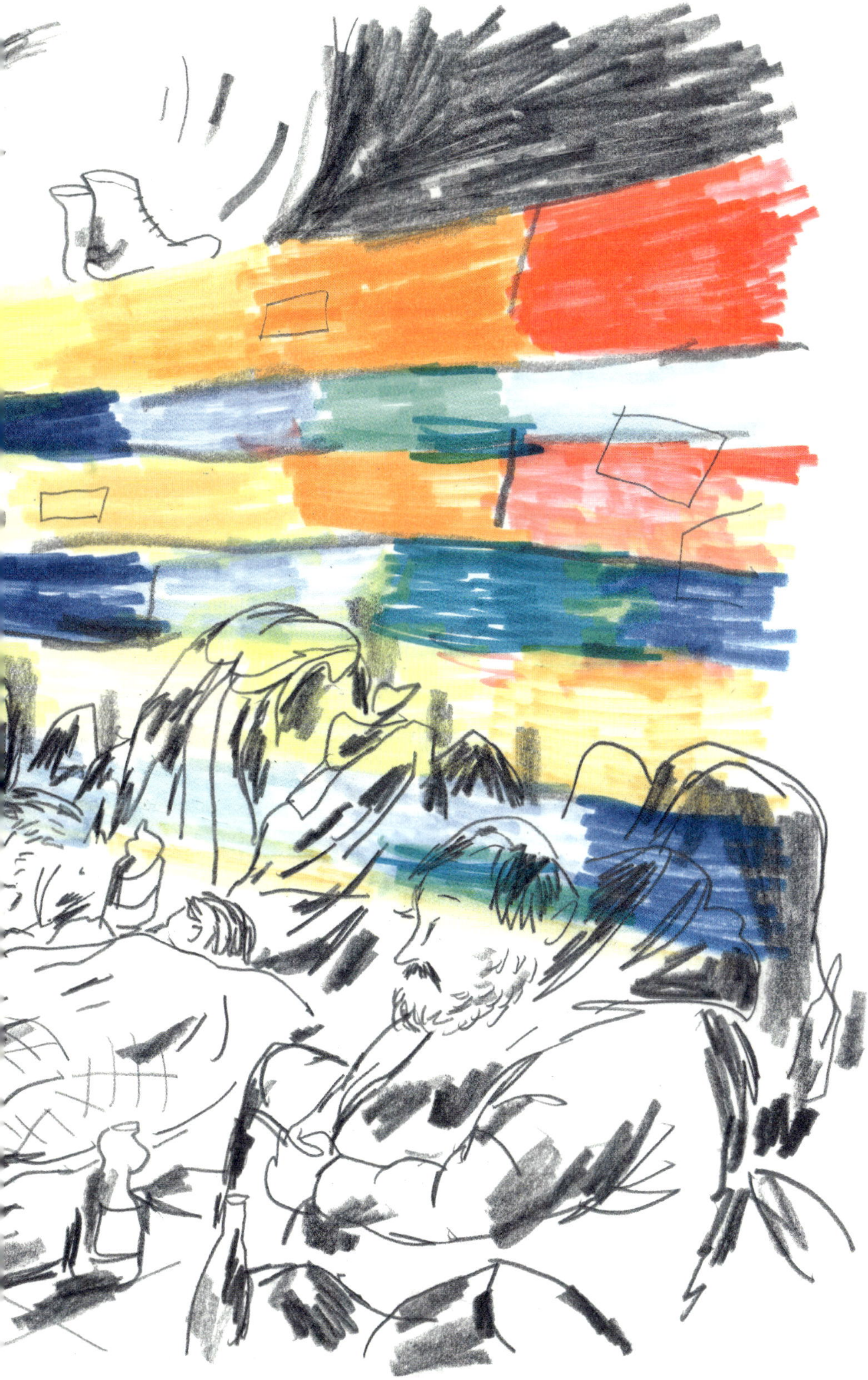

V or dem Wärmezelt steigt grauer Rauch auf. »Komm ran da! Heut' wird angegrillt!«, winkt man mich herbei. Unter einem Einkaufswagen wird Kohle geschürt, auf dem Drahtgitter brutzeln Würstchen. Bierdosen und Joints machen nun offen die Runde, zwei Männer vergleichen stolz ihre Bäuche, die dicker geworden sind, in den letzten Wochen. Die Sicherheitskräfte machen amüsiert Fotos, um 22 Uhr fordern sie die Meute auf, sich doch bitte so langsam mal hinein zu bewegen.

Die Tische im Zelt sind nur noch spärlich belegt, in der Leseecke tanzen drei junge Männer zu arabischer Musik, die Helfer stehen beschäftigungslos am Eingang, die Eintopf-Bottiche sind noch zur Hälfte gefüllt. Ich sehe nur wenige bekannte Gesichter aus der Winterzeit.

Marie berichtet von neuen Erkenntnissen. Sie habe gemerkt, dass sie selbst eine Außerirdische sei und das Klonen beherrsche. Morgen werde sie mitsamt allen Insassen hier im Raumschiff abheben und sich auf einem anderen Planeten von Arnold Schwarzenegger zur Königin krönen lassen. Sie lächelt zufrieden, als sie mir dies erzählt.

»Komm mal mit, ich zeig dir was!«, sagt Stefan und führt mich in die andere Ecke des Zeltes. Stolz deutet er auf den Gang zwischen den Schlafkabinen. An den Wänden hängen Bilderrahmen. Und darin in feinen Buntstiftschraffierungen ausgearbeitete, cartoonige Zeichnungen: knubbelnasige Figuren vor surrealen Landschaften, ölige Inseln, stachelige Palmen mit glänzenden Früchten, grinsende, jointrauchende Sonnen, aus Kugeln gebaute Häuser auf feurigem Asphalt. »Meine erste eigene Ausstellung«, schmunzelt er. »Hab ich alles in den letzten Wochen gezeichnet.«

Für Gabriel und seinen Hund ist es die letzte Nacht im Zelt, bevor sie für ein paar Tage in einem besetzten Haus unterkommen können. »Endlich hat der Spuk ein Ende«, seufzt er. »Ich hoffe, ich muss hier nie wieder schlafen.«

»Man sieht sich im nächsten Winter, Großer!«, ruft mir einer hinterher als ich ein letztes Mal das Zelt verlasse. »Vorausgesetzt wir schaffen's bis dahin ...«, höre ich noch jemanden murmeln, dann fällt die hölzerne Tür ins Schloss.

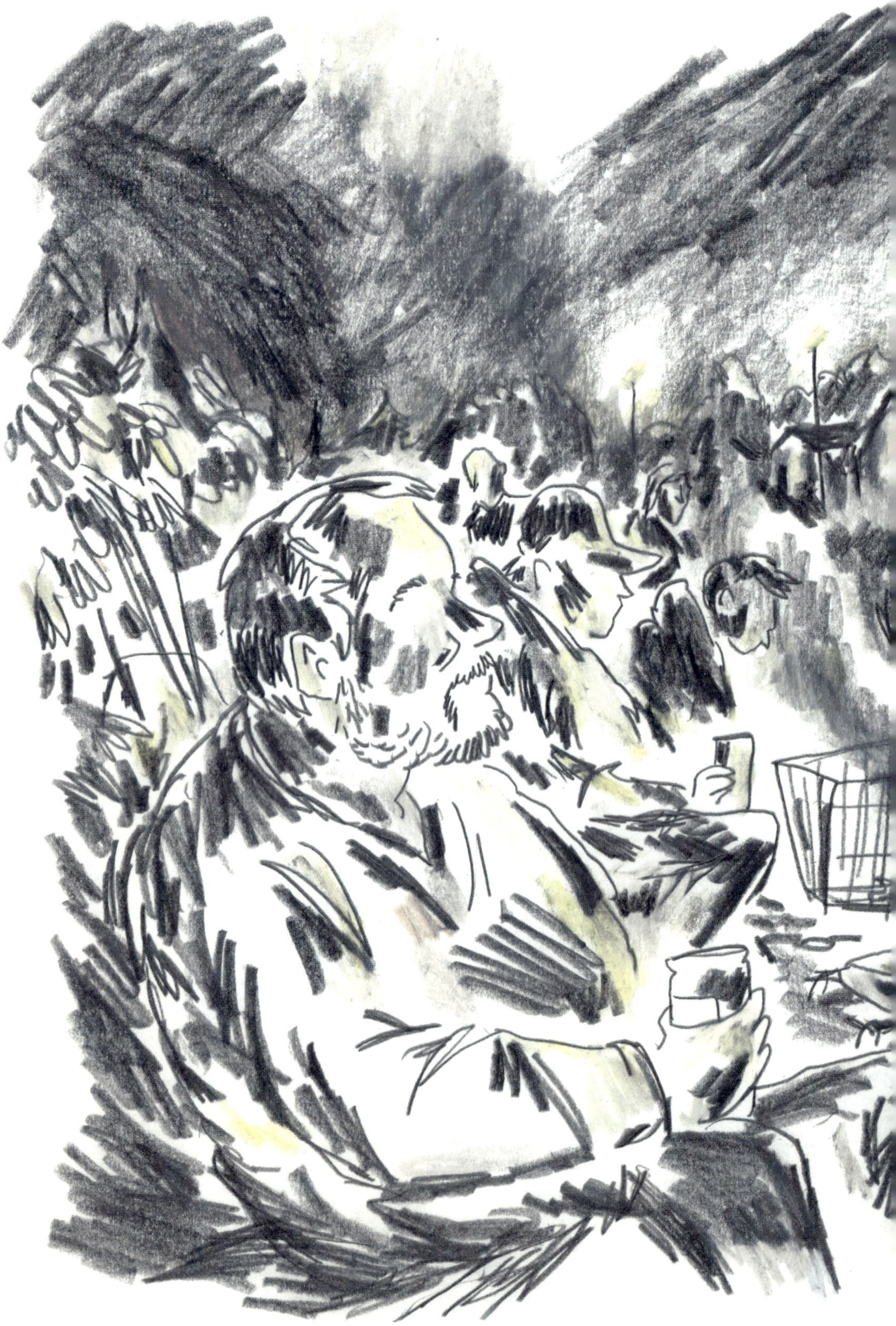

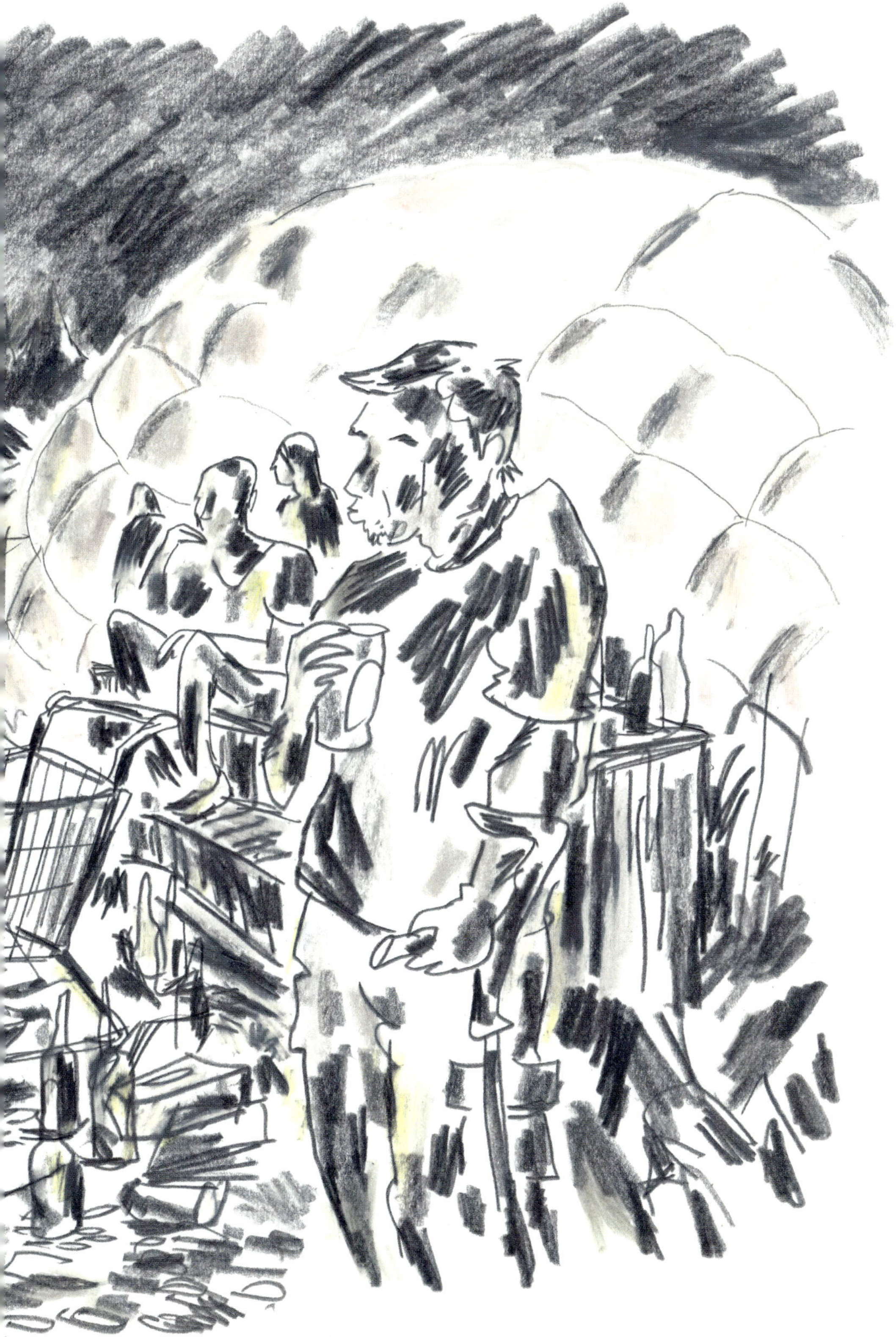

Jonas' Wangen sind sichtlich speckiger, rosiger geworden. Gesund sieht er aus, ausgeglichen, wach. Wir sitzen in einem Kreuzberger Café, er bläst sachte in seine Tasse, die gelbliche Oberfläche kräuselt sich, dann nippt er vorsichtig. »Grüner Tee, gut für die Fitness.« Die Vormittagssonne scheint kräftig durch das Ladenfenster.

Gleich um die Ecke von hier ist die Arztpraxis, in der er täglich sein Heroin-Substitut bekommt, seit über acht Wochen nun schon. Um hierher zu kommen, nimmt er Umwege. Nur nicht mit der U8 fahren, nur nicht am Kottbusser Tor vorbei oder an den anderen einschlägigen Plätzen, an denen er früher so oft abhing. Weite Bogen um die Versuchung.

Er sagt, er habe viel geschlafen in letzter Zeit. Sein Kopf fühle sich wieder klar an und nur sehr verschwommen erinnere er sich an die zurückliegenden, exzessiven Monate. Ich merke, wie ihn der bloße Gedanke an diese Zeit aufkratzt, zittrig macht. Und ich verkneife mir alle Nachfragen, die mir dazu auf der Zunge liegen.

Am liebsten möchte er raus aus Berlin, weg von der Szene hier. Vielleicht nach Stuttgart, wo er einen Onkel hat und sich endlich einen Ausbildungsplatz suchen möchte. Er erzählt mir, dass er sich mit seiner Mutter getroffen hat. Sie haben sich versöhnt, momentan wohnt er sogar bei ihr. Auch auf seinem WhatsApp-Profilbild ist sie neben ihm zu sehen. Jonas war einer von zwei Menschen, denen ich während meiner Zeit bei den Obdachlosen meine Handynummer gegeben hatte. Mir war etwas mulmig dabei gewesen. Ich wusste nicht, wie sehr ich ihm trauen konnte und ob es klug war, diese Nähe zuzulassen. Jetzt bin ich froh, dass ich es getan habe.

»Es geht bergauf, langsam«, sagt er verlegen lächelnd als er mir die Hand drückt. Er scheint tatsächlich einen Weg aus der Misere gefunden zu haben, weg von der Straße, denke ich, als ich ihm hinterherblicke. Ich merke wie euphorisch mich das in diesem Moment stimmt. »Es geht bergauf«, wiederhole ich für mich. »Hoffentlich.«

Einmal werde ich ihn noch wiedersehen, bei meiner Ausstellung. Sein Portrait wird, wie das der anderen Menschen in diesem Buch, an der Wand hängen. Als einer von drei Protagonisten meines Projekts hat er zugesagt, im Gespräch mit mir über sein Leben auf der Straße sprechen. Das Publikum und ich werden gebannt an seinen Lippen hängen.

Danach werden wir von Zeit zu Zeit miteinander schreiben. Wir werden uns vornehmen, uns bald mal wieder zu treffen. Doch irgendwann wird hinter meinen Nachrichten nur noch ein einzelner Haken erschienen. Und an die Stelle seines Profilbilds wird ein graues Standard-Icon treten.

Ich frage mich oft, was wohl aus Jonas geworden ist. Ich wäre gerne nochmal einen Tee mit ihm trinken gegangen.

Sašo versucht mit seiner gesunden Hand ein Blättchen in seine Zigarettendrehmaschine einzuführen. Immer wieder verhindert dies ein Windstoß, immer wieder knickt eine Ecke um, immer wieder streicht Sašo das Blättchen auf seinem Oberschenkel mit dem Daumennagel glatt und startet dann einen neuen Versuch. Ich wage nicht, ihm meine Hilfe anzubieten. Ich weiß, er würde sie eh nicht annehmen. Irgendwann verschwindet dass Blättchen dann doch zwischen den beiden Rollen, sie drehen sich und zum Vorschein kommt eine dünne Zigarette. Sašo wendet sich vom Wind ab und zündet sie an.

Wir sitzen hinter dem Netto-Supermarkt, um uns herum zerfledderte Sonderangebotsprospekte, geleerte Kornfläschchen, Plastikbecher mit Joghurtresten. Wir blicken auf die Spree, die träge vor sich hin wabert, auf die Industriebauten Niederschöneweides am anderen Ufer. Sašo lebt jetzt hier, in einem Zimmer in einem betreuten Wohnheim. »Zwar immer noch keine eigene Wohnung, immer noch viele Verrückte um mich herum, aber immerhin kann ich jetzt die Tür zu machen.« Auf seinem Handy zeigt er mir ein Bild von seinem neuen Laptop, den er sich zusammengespart hat und auf dem er nun endlich Filme schauen kann.

Chilly, der wie immer jegliche meiner Handbewegungen in seine Richtung mit einem gefährlichen Knurren abgewiesen hatte, springt auf Sašos Schoß, und lässt sich kraulen.

Sašo zieht ein letztes Mal von seiner Zigarette und schnipst sie in die Spree. »Sonne, Wasser, Wind. Immer schön. Aber auf Dauer auch ein bisschen langweilig ... Kaffee?« Ich nicke. Dann navigiert er seinen Rollstuhl in Richtung des Bäckers. Er besteht darauf, mich einzuladen, lässt keine Widerrede gelten. Schließlich sei ich es ja gewesen, der den langen, weiten Weg hierhergekommen sei. »Auf das Leben!«, sagt Sašo, dann stoßen wir an. Er mit Cappuccino, ich mit Espresso. Aus einer richtigen Tasse.

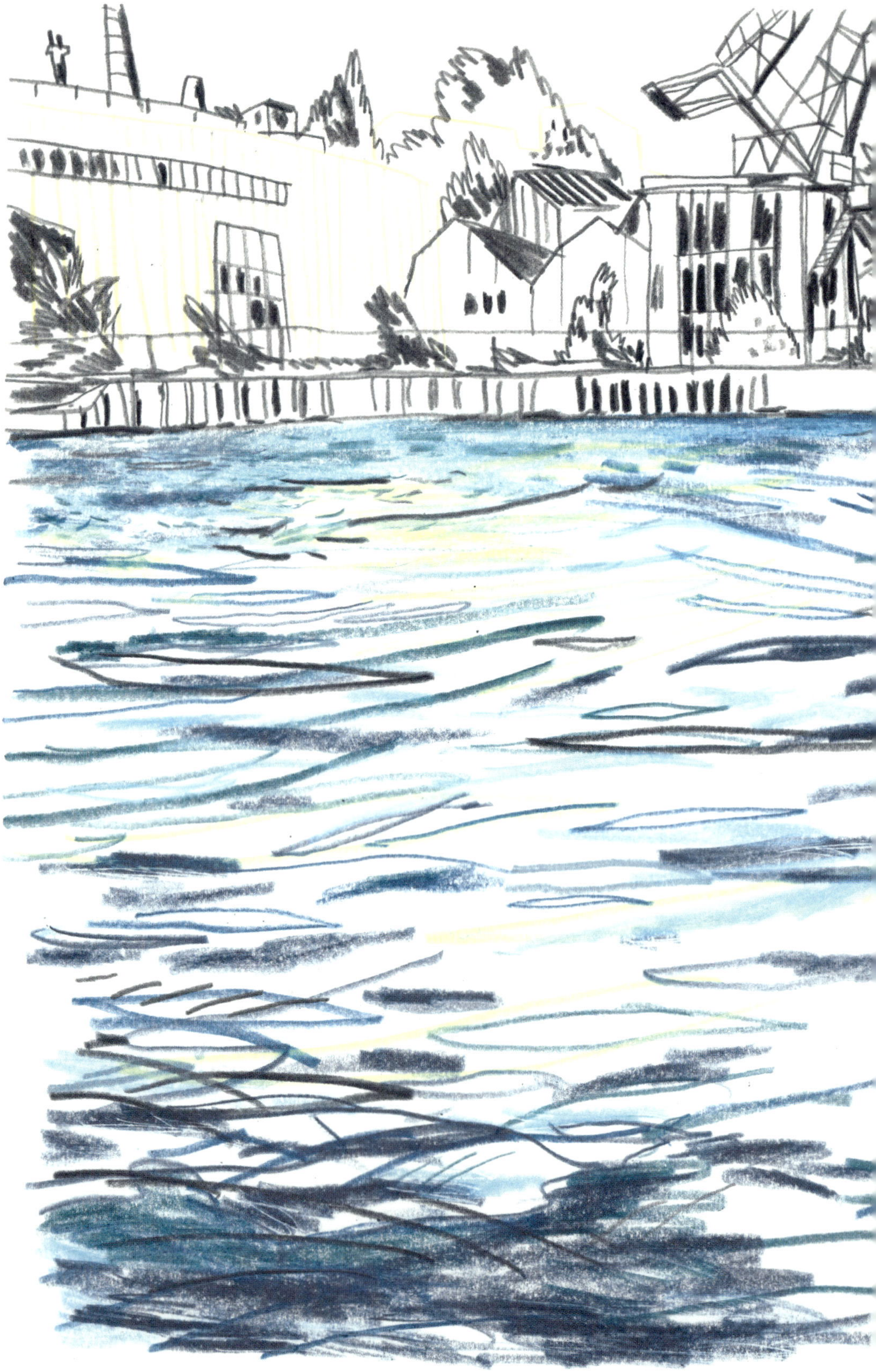

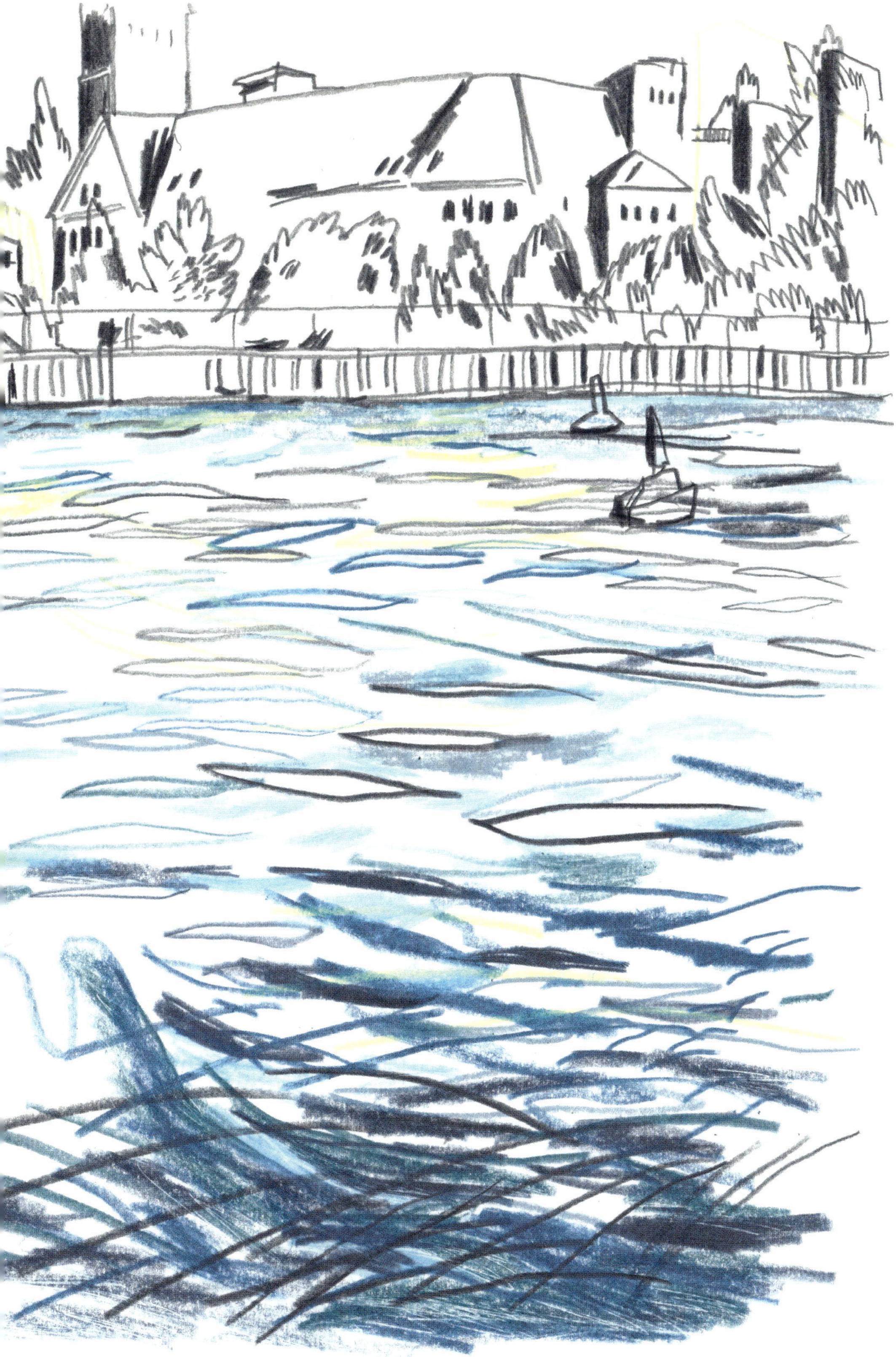

Info

Alle Zeichnungen und Texte entstanden im Jahr 2019 und wurden erstmals als Online-Reportage veröffentlicht (*www.sebastian-loerscher.de/schatten*).

Der Bahnhof Lichtenberg war neben dem Bahnhof Moritzplatz einer von zwei *Kältebahnhöfen,* die auf Initiative des Landes Berlin in den Wintermonaten 2018/2019 rund um die Uhr für Menschen ohne Obdach geöffnet wurden. Beauftragt mit der Umsetzung und Betreuung des Bahnhofs Lichtenberg war die KARUNA Sozialgenossenschaft.

Auf der zugigen Zwischenebene, von der aus Passanten die S-, U- und Regionalbahngleise erreichen, durften Schutzsuchende auch ihre Schlaflager aufschlagen. Schnell sprach sich herum, dass es diesen Ort gab, so dass rund 60 Menschen täglich hier verweilten und zumeist um die 20 übernachteten. KARUNA erweiterte das Angebot in Lichtenberg zudem um ein gegenüberliegendes Übernachtcafé, in dem sich Betroffene aufwärmen konnten und versorgt wurden. Anfang Mai, mit dem Ende der Kältehilfe Berlins, wurde das Angebot der Kältebahnhöfe eingestellt. In den darauffolgenden Wintern wurde es nicht mehr erneuert. Aufgrund guter Erfahrungen mit dem Übernachtcafé, wurde ein solches in Berlin-Kreuzberg eröffnet.

KARUNA forscht im Rahmen des *Reallabors zur Transformation der Gesellschaften (www.planetarycollective.net)* gemeinsam mit Betroffenen kontinuierlich nach neuen Wegen in der Sozialarbeit.

Die ==Notübernachtung am Containerbahnhof== der Berliner Stadtmission (von mir und Übernachtungsgästen als *Wärmezelt* betitelt und von den Mitarbeitenden auch liebevoll *Halle-Lujah* genannt) steht seit 2015 in der Nähe der S-Bahnstation Berlin-Frankfurter Allee. Die etwa 1.000 Quadratmeter große Traglufthalle bietet jährlich von November bis April Platz für 120 Menschen und ihre Hunde. Jeden Abend ab 20 Uhr können die Gäste die Halle betreten, dürfen ihre Betten beziehen, zu Abend essen und den Tag ausklingen lassen. Auch Kleidung, medizinische Betreuung und Beratung können die Gäste erhalten. Am nächsten Morgen um 6 Uhr werden sie geweckt und müssen, nach dem Frühstück, die Unterkunft wieder verlassen. Neben Mitarbeitenden der Berliner Stadtmission arbeitet ein täglich wechselndes Team an Ehrenamtlichen in der Notübernachtung.

Auch über die Kältehilfe-Saison hinaus bleibt die *Notübernachtung am Containerbahnhof* geöffnet. In den Sommermonaten finden hier rund 70 obdachlose Gäste Schutz sowie verstärkt Beratung und Begleitung. Gemeinsam werden neue Zukunftsperspektiven und erste Schritte weg von der Straße erarbeitet.

Sebastian Lörscher

ist Zeichner und Autor und lebt in Berlin. Seine Arbeiten beschäftigen sich insbesondere mit dem Medium der gezeichneten Reportage. Mit Stift und Skizzenbuch durchstreift er die Straßen der Welt und hält seine Erlebnisse in Zeichnungen und Texten fest. Er erzählt von ihnen in seinen vielfach ausgezeichneten Graphic Novels und in inszenierten Lesungen auf Deutschlands Bühnen. Seine letzten Projekte führten ihn nach Indien, Haiti, Österreich und Nigeria.

Weitere Titel (Auswahl):
»Making Friends in Bangalore« (Edition Büchergilde)
»Haiti Chéri« (Eigenverlag)
»A bisserl weiter ... geht's immer!« (Edition Büchergilde)

www.sebastian-loerscher.de
@sebastianloerscher (Instagram)

Danke!

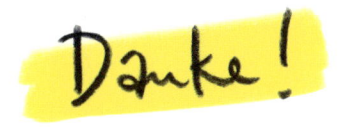

Mein großer Dank gilt all den Menschen in diesem Buch, die mir ihre Geschichten anvertraut haben und mir erlaubten, sie zu veröffentlichen.

Außerdem danke ich folgenden Institutionen, ohne deren Unterstützung dieses Buch nicht möglich gewesen wäre:

Impressum

Zeichnungen & Texte:
Sebastian Lörscher
www.sebastian-loerscher.de

Herausgeber:
Jaja Verlag
Fein illustrierte Machwerke
Annette Köhn
Tellstraße 2
12045 Berlin
www.jajaverlag.com

Lektorat: Andrea Baron

Druck: Kopa Print, Litauen

Erstausgabe
Berlin, November 2022
© Sebastian Lörscher & Jaja Verlag

ISBN: 978-3-948904-47-0